Stefan Büttner
Martin Kaule
Arno Specht

Geisterstätten der Sowjets

Vergessene Orte im Osten Deutschlands

Mit Fotos von Stefan Büttner, Christian Habeck, Martin Kaule, Klaus Mebus, Adrian Specht und Arno Specht

Jaron Verlag

Die Autoren
Stefan Büttner: SB
Martin Kaule: MK
Arno Specht: AS

Die Fotografen
Stefan Büttner: 18/19, 20, 33, 34, 35, 38, 45, 46 (l.), 47, 48/49, 57, 58, 59, 62, 69, 70, 71, 72/73
Christian Habeck: 36/37, 46 (r.), 50, 74
Martin Kaule: 7, 8 (2), 9, 10/11, 12, 13, 14, 28/29, 39, 40, 41, 42/43, 44, 51, 52, 53 (o.), 54/55, 56, 83, 84/85, 86, 87, 88, 93, 96
Klaus Mebus: 15, 16, 17, 27, 30, 31, 32, 53 (u.), 60/61, 75, 76, 77 (2), 78/79, 80, 81, 82
Adrian Specht: 21, 22, 63, 64, 65, 66/67, 92
Arno Specht: 23, 24/25, 26, 68, 89, 90/91, 94, 95

Originalausgabe
2. Auflage 2025

Jaron Verlag GmbH, Erdmannstr. 6, 10827 Berlin
info@jaron-verlag.de
www.jaron-verlag.de

Umschlaggestaltung: Bauer+Möhring, Berlin, unter Verwendung von Fotos von Christian Habeck (hinten: Truppenübungsplatz Altengrabow), Martin Kaule (hinten: Hauptquartier in Wünsdorf, Garnison bei Ribnitz-Damgarten), Klaus Mebus (hinten: Flugplatz Großenhain) und Arno Specht (vorn: Militärstandort Jüterbog)
Satz und Layout: Prill Partners|producing, Barcelona
Lithografie: Bild1Druck GmbH, Berlin
Druck und Bindung: Finidr s.r.o., Český Těšín
Printed in the Czech Republic

ISBN 978-3-89773-093-9

Inhalt

Vorwort

Es ist der Traum eines jeden Pazifisten: Kasernen zerfallen, militärische Aufmarschplätze werden von Gras überwuchert, Flugplätze verrotten. Wo einst Kommandos hallten, Schüsse knallten und im Gleichschritt marschiert wurde, herrscht heute Ruhe. Orte, an denen Massenvernichtungswaffen gelagert wurden, kapitulieren vor der Macht der Natur, die sich auf leise und sanfte Weise riesige Areale erobert, auf denen einst Menschen für den Kampf gegen andere Menschen gedrillt wurden.

Möglich machte dies einer der größten politischen Umbrüche des letzten Jahrhunderts. Der friedlichen Revolution in der DDR und der deutschen Wiedervereinigung folgte der Abzug der russischen »Westgruppe der Truppen« (WGT), wie sich die ehemalige »Gruppe der Sowjetischen Streitkräfte in Deutschland« (GSSD) ab 1989 nannte. Bis Anfang September 1994 hatten die letzten Truppen aus den Nachfolgestaaten der Sowjetunion das Gebiet der ehemaligen DDR verlassen.

Was vor einem Vierteljahrhundert sein Ende fand, hatte mit der Konferenz von Jalta im Februar 1945 begonnen: Die vier Siegermächte des Zweiten Weltkriegs beschlossen die Einteilung Deutschlands in vier Besatzungszonen. Diese Maßnahme sollte den friedlichen Wiederaufbau jenes Landes sicherstellen, das einen Krieg entfacht hatte, der über 60 Millionen Menschen das Leben kostete. Doch schon bald wurden aus den Weltkriegsverbündeten Gegner – der Kalte Krieg zwischen den beiden großen Machtblöcken, angeführt von den USA und der UdSSR, sollte über viele Jahre das Weltgeschehen bestimmen. Erst die Wiedervereinigung Deutschlands im Jahre 1990 beendete diese Ära.

Rund 340 000 Angehörige der WGT verließen mit ihren Familien und ihrer gesamten Ausrüstung bis 1994 das Gebiet der ehemaligen DDR. Das war eine logistische Meisterleistung. Zurück aber blieben Geisterstätten: Kasernen, Truppenübungsplätze, Flugplätze und sonstige Einrichtungen waren plötzlich ohne Funktion. An vielen dieser Orte endete damit eine militärische Nutzung, die bereits vor dem Einzug der sowjetischen Besatzer begonnen hatte. Die militärische Historie so mancher Kaserne und manch eines Truppenübungsplatzes reicht bis ins 18. Jahrhundert zurück.

Alles in allem gab es in der DDR ungefähr 1500 sowjetische Einzelliegenschaften, die auf über 600 Orte verteilt waren. Etliche dieser Standorte wurden mittlerweile renaturiert oder einer neuen Nutzung zugeführt – einige wurden von der Bundeswehr übernommen, an anderen werden Solarparks oder Sportflugplätze betrieben. Doch noch immer gibt es viele ehemalige sowjetische Militärstandorte, die weitgehend sich selbst überlassen sind.

14 solcher Stätten stellen wir Ihnen in diesem Buch vor. Ähnlich wie in den 2022 und 2024 erschienenen Bänden »Geisterstätten der NS-Diktatur« und »Geisterstätten der Stasi« setzt auch dieser erstmals 2019 und nun in einer überarbeiteten Neuauflage vorliegende Band einen inhaltlichen Schwerpunkt. Er ergänzt so die seit 2010 im Jaron Verlag erscheinende »Geisterstätten«-Serie, deren erste Bände Berlin (2010), Mecklenburg-Vorpommern (2016), Thüringen (2017), Sachsen (2018), Sachsen-Anhalt (2019) und Brandenburg (2020) vor allem Ruinen in bestimmten Städten und Regionen vorstellten.

Auch in diesem Band laden wir die Leserinnen und Leser ein, uns auf eine Reise zu den Spuren der Vergangenheit zu begleiten. Und Spuren haben die Sowjets genügend hinterlassen: Mit Obelisken, Stelen und bunten Wandbildern, mit verfallenen Bunkern und vielem mehr schufen sie ihre ganz eigenen Erinnerungsstücke.

Wer heute nach den Hinterlassenschaften der Sowjetarmee fahndet, wird immer wieder auf ganz typische Merkmale stoßen. Diese reichen von klassischen Schuhabtretern vor Hauseingängen über scheinbar unlogisch vermauerte Flure und Gänge bis hin zu den allgegenwärtigen propagandistischen Inschriften. Signifikante Merkmale sind auch die ganz unverwechselbaren Gerüche, die weiße Kalksandstein-Architektur und die einmaligen Farbnuancen an den Wänden. Über 30 Jahre nach dem Abzug der WGT liegen über alledem deutliche Zeichen des Verfalls: kaputte Fenster, aufgelöste Holzfußböden, in sich zusammengebrochene Dächer und eingestürzte Wände.

Mit einem Ausschnitt dieser besonderen Welt, von der vermutlich in nicht allzu ferner Zukunft kaum etwas übrig geblieben sein wird, möchten die Autoren Sie bekannt machen.

Die russische Stadt vor den Toren Berlins

Hauptquartier in Wünsdorf

Der Blick von Juri wirkt leer. Wo sieht er hin? Was mag er denken? Und was für einen rundlichen Gegenstand hält er im Arm? Juri Gagarin wirkt einsam, aber stolz – so wie 1961, als er in dem Raumschiff Wostok 1 für 108 Minuten hoch oben im Orbit schwebte, als erster Mensch überhaupt. Seine heutige Einsamkeit währt seit 1994. In diesem Jahr verließen die russischen Streitkräfte Wünsdorf. Deutschland war wieder vereint, die hier stationierten Truppen aus der vormaligen Sowjetunion – Schutztruppen für die einen, Besatzungstruppen für die anderen – hatten keine Funktion mehr. Das Land, in dem sie seit dem Ende des Zweiten Weltkriegs stationiert waren, befand sich in einem dramatischen Umbruch – und für die Heimat, in die sie nun zurückzukehren hatten, galt dies nicht weniger.

Streng gesichert: Tor zum Weißen Haus im Wünsdorfer Hauptquartier der GSSD

Vielerorts nahmen die abziehenden Truppen alles mit, was sie an ihrem neuen Stationierungsort wiederverwenden zu können meinten. Sie hinterließen leere, teils sogar entkernte Kasernenbauten und die einst streng abgeschirmten Wohnzonen. Doch ihre steinernen Denkmale ließen sie fast immer an Ort und Stelle. Lediglich die Sockeldenkmale, auf Sockeln stehende Flugzeuge oder Panzer, die an der Hauptzufahrt jeder großen Garnison zu finden waren, wurden abgebaut. Die Lenins, Gagarins und anderen kommunistischen Helden aber wurden zurückgelassen – zum Pläsier manch eines späteren Besuchers solcher ehemaligen sowjetischen, später russischen Standorte.

Wünsdorf galt ab 1951/52 als das Hauptquartier der Truppen, die sich zwischen 1954 und 1989 als »Gruppe der sowjetischen Streitkräfte in Deutschland« (GSSD) und über den Zusammenbruch der Sowjetunion hinaus als »Westgruppe der Truppen« (WGT) bezeichneten. Doch warum gerade Wünsdorf, dieser kleine Ortsteil der brandenburgischen Stadt Zossen? Das Örtchen schien nach Ende des Zweiten Weltkriegs geradezu

Volksheld: Juri-Gagarin-Skulptur und unterirdischer Bunker in ihrer Nähe

Umfunktionierte Garage: Turnhalle in der hermetisch abgeriegelten Stadt

perfekt für die Bedürfnisse der Besatzungsmacht. Erstens hatte es, 40 Kilometer südlich von Berlin, eine geostrategisch günstige Lage. Zweitens fand man hier eine militärische Infrastruktur vor, wie man sie sich nur wünschen konnte. Wünsdorf war schon in wilhelminischer Zeit ein Truppenübungsplatz, wurde während des Ersten Weltkriegs zum Hauptquartier der Reichswehr und in der NS-Zeit zum Sitz des Oberkommandos des Heeres, 1938 auch zu dem der Wehrmacht. So wurde für die Truppen der östlichen Siegermacht, die sich nach dem Kriegsende zunächst im Raum Potsdam konzentrierten, schon bald der Umzug dorthin beschlossen.

Von Wünsdorf aus verwalteten die Sowjets ihre über 1500 Standorte auf dem Gebiet der DDR. Die von den Nationalsozialisten erbauten Bunker boten in der Zeit des Kalten Kriegs optimalen Schutz bei einem möglichen neuen Weltkrieg, der vermutlich auch mit Nuklearwaffen ge-

Folgende Doppelseite: Das Wandbild besingt die Fortschrittlichkeit der UdSSR

Мо
Отчизн
прекрасн

Noch immer unter Strom: Elektrische Schaltzentrale in Wünsdorfer Bunker

führt worden wäre. Die Landstraße durch den Zossener Vorort erhielt auf allen Ein- und Ausfahrten ein Wachgebäude mit Schlagbaum. Für die Zivilbevölkerung der DDR war die weitläufige Liegenschaft eine geheimnisvolle, hermetisch abgeschlossene Zone. Hinter hohen Mauern entwickelte sich in den nächsten 45 Jahren eine eigene Stadt für rund 50 000 Armeeangehörige und ihre Familien – in einem Ort, der selbst nur um die 2500 Einwohner zählte. Für die Angehörigen der sowjetischen Streitkräfte sowie den Tross von Zivilbeschäftigten galt ein Leben in der DDR als Auszeichnung. Das Sperrgebiet bot ihnen alles, was das Herz begehrte. Schulen und Kindergärten waren vorhanden, ein Schwimmbad, ein Kulturhaus und mehrere Geschäfte. Vom Bahnhof Wünsdorf fuhr täglich ein Personenzug nach Moskau.

Zu den für den heutigen Besucher interessantesten Relikten des einstigen Oberkommandos der Wehrmacht und späteren Hauptquartiers der sowjetischen Streitkräfte in der DDR gehören deren Bunkeranlagen. Mit dem im Sommer 1939 fertiggestellten dreigeschossigen unterirdischen Bunker »Zeppelin« stand der Wehrmacht ein moderner Nachrichtenknoten zur Verfügung, der fundamental für das Kriegsgeschehen war:

Rechte Seite: Im Weißen Haus residierte der Oberbefehlshaber der GSSD

Von hier wurden die deutschen Truppen in ganz Europa befehligt. Daneben existierten zwei weitere Bunkerkomplexe mit den Tarnbezeichnungen »Maybach I« – für das Oberkommando des Heeres – und »Maybach II« – für das Oberkommando der Wehrmacht. Die Eingänge zu ihnen waren aus Gründen der Tarnung wie eine Landhaussiedlung gestaltet. Darüber hinaus schlummerte schon in der NS-Zeit im Untergrund ein weit verzweigtes Bunkersystem, das durch die Sowjets noch erweitert wurde. Längst nicht alle unterirdischen Anlagen wurden bis heute entdeckt. Die, die man fand, kann man inzwischen auch militärhistorisch einordnen.

Diente als Schlafquartier: Bunkerstollen

Auch aus den Bunkern nahmen die Sowjets 1994 alles mit, was militärisch von Belang war. Zuallererst verschwanden die geheimen technischen Einrichtungen zur Verschlüsselung und Entschlüsselung von Nachrichten. Es folgten die Kabelverbindungen und weiteren Einbauten. Dass sofort nach Abzug der WGT allerlei westliche Nachrichtendienste durch eine Analyse der Bauten Einblick in das Führungs- und Sicherheitskonzept der russischen Armee zu bekommen versuchten, verwundert nicht. Doch auch 25 Jahre später sind noch längst nicht alle Geheimnisse, die sich in Wünsdorf verbargen, gelüftet.

Das Örtchen vermarktet sich heute gern als »Bücher- und Bunkerstadt«. Doch so liebevoll das Kulturgut Buch hier auch gefördert wird – seine touristische Anziehungskraft bezieht Wünsdorf vornehmlich aus seiner militärischen Vergangenheit. Wer es durchstreift, unternimmt eine Reise durch das beileibe nicht immer rühmliche 20. Jahrhundert. Die angestrebte Konversion des Areals ist noch nicht weit vorangeschritten. So bleibt zu hoffen, dass Juri Gagarin und Wladimir Iljitsch Lenin noch eine ganze Zeit lang die Besucher neugierig machen auf die jüngere Geschichte des Städtchens.

MK

Das Naturidyll auf dem Todesgelände

Truppenübungsplatz Königsbrück

Wo jahrzehntelang der Marsch gegen den Feind im Westen geprobt wurde, sind heute Wolf und Biber auf dem Vormarsch. Anstelle der Sowjets hat die sich selbst überlassene Flora und Fauna das Regiment übernommen. Statt eines Arsenals tödlicher Atomraketen schreckt hier allenfalls noch die Stille der Natur. Die entfaltet sich, als wolle sie die Vergangenheit des Naturschutzgebiets Königsbrücker Heide – des größten Naturschutzgebiets in Sachsen – vergessen lassen und dessen ursprünglichen Zustand wiederherstellen. Der ehemalige Truppenübungsplatz Königsbrück ist ein Paradebeispiel, wie ein Militärgelände erfolgreich renaturiert und in eine zivile Nutzung überführt werden kann.

Das Städtchen Königsbrück am westlichen Rand der Oberlausitz, rund

Erhalten geblieben: Kasernengebäude aus vorsowjetischer Zeit in Königsbrück

Vergessen: Reste eines Tankwagens auf dem einstigen Truppenübungsplatz

25 Kilometer nördlich von Dresden gelegen, wuchs 1992 beträchtlich. Der Grund: Nach dem Abzug der russischen Truppen wurde das gesamte ehemalige Militärgebiet eingemeindet. So schließt der Ort heute Gebiete ein, in denen Panzerstraßen, Schießbahnen und Fahrzeugstellungen vollständig unter einer sich immer weiter ausbreitenden Vegetation verschwinden. Die Kasernen Altes Lager, Neues Lager, Röhrsdorf und Schwepnitz sind renaturiert. Teilweise breiten sich dort hektarweise Solarpanele aus. Nur ausgewählte Kasernengebäude wurden stehen gelassen.

Doch ein Jahrhundert der militärischen Nutzung lässt sich natürlich nicht in knapp drei Jahrzehnten vollständig aus dem Landschaftsbild tilgen. Alles begann damit, dass die sächsische Armee 1893 bei Königsbrück einen Schießplatz und eine Kaserne anlegte. Nachdem diese Einrichtungen in der Weimarer Republik und während der nationalsozialistischen Diktatur eine eher periphere Rolle gespielt hatten, wurde das Gebiet 1945 durch die Sowjets in Beschlag genommen und in der Folgezeit ausgedehnt. In den Königsbrücker Kasernen waren Teile der 11. Garde-Panzerdivision und Teile des 101. Panzerausbildungsregiments aus Dresden sowie nukleare Boden-Boden-Raketen der 23. Raketenbrigade stationiert.

Im Zuge des Wettrüstens in den 1980er-Jahren wurde die 23. Raketenbrigade ersetzt durch die 119. Raketenbrigade, die mit Mittelstreckenraketen vom Typ SS-12 ausgerüstet war. Folge war eine rege Bautätigkeit im Untergrund. In der Nähe der Röhrsdorfer Kaserne entstand eine verbunkerte Feuerstellung, von der aus startbereite Mittelstreckenraketen ihre Ziele in der Bundesrepublik anvisierten. Wer die perfekt getarnten Fahrzeugbunker heute im Unterholz ausfindig macht, fühlt sich in eine beklemmende Szenerie versetzt. Man stellt sich vor, wie bei Alarm die vier bereit gehaltenen Startrampen ausrückten, den kurzen Weg zu den Startplätzen hinüberfuhren und dort ihre Raketen nach Montage der atomaren Gefechtsköpfe aufrichteten. Doch in gar nicht allzu ferner Zukunft werden wohl hohe Bäume die schweren Bunkertore blockieren und somit den Eintritt in die Unterwelt verhindern.

Noch unheimlicher auf den heutigen Besucher wirkt das nicht weit davon entfernte Sonderwaffenlager, in dem die nuklearen Raketengefechtsköpfe gelagert wurden. Auch dieses geschickt in eine Senke hineingebaute einmalige Ensemble aus Lagerbunkern und Verladerampen blieb erhalten. Die meisterhafte sowjetische Tarnung schützte das Sonderwaffenlager allerdings nicht vor der Entdeckung durch amerikanische Fotosatelliten, wie mittlerweile freigegebene Akten des Bundesnachrichtendienstes beweisen. Diese Bunker können heute nicht betreten werden, aber immerhin kann man sie von außen betrachten. Welch ein Fortschritt, wenn man sich vor Augen führt, dass es früher undenkbar gewesen wäre, auch nur in die Nähe dieses Depots zu gelangen!

Eine dritte, jedoch nicht mehr fertiggestellte Bunkeranlage, die der aufmerksame Besucher entdecken kann, befand sich am Rand des Truppenübungsplatzes zwischen Schmorkau und Schwepnitz. Hier sollte ver-

Aus Betonpfeilern, Mauersteinen und Asbestplatten: Fahrzeuggarage

mutlich innerhalb eines alten Schießstands ein Wechselgefechtsstand für die 119. Raketenbrigade errichtet werden. Der Rohbau ist im Unterholz nur schwer zu entdecken.

Nur wenigen Menschen war es nach dem Abzug der Besatzer vergönnt, Zutritt zu einer der größten sowjetischen Bunkeranlagen in der damaligen DDR zu erlangen, die sich an der Kaserne Schwepnitz findet. Noch immer ist sich die Fachwelt uneins über die tatsächliche Funktion dieser um 1980 gebauten Anlage. Es wird spekuliert, es könnte sich um einen Führungspunkt des sogenannten westlichen Kriegsschauplatzes gehandelt haben – einer Führungsebene oberhalb der GSSD, deren Stab sich im polnischen Legnica befand. Seine versteckte Lage im Naturschutzgebiet schützt dieses Bauwerk weitgehend davor, von Spaziergängern entdeckt zu werden.

Versteckt: Bunker für Mittelstreckenraketen

Heute ist die Königsbrücker Heide vor allem ein beliebtes Ziel für Naturliebhaber, doch auch dem Geschichtsinteressierten hat sie aufgrund ihrer militärischen Vergangenheit aufregende Einblicke zu bieten. Als erster Anlaufpunkt empfiehlt sich das Besucherzentrum in Königsbrück. Von dort aus sind geführte Wanderungen und Bustouren in ausgewählte Bereiche des einstigen Militärgeländes möglich.

Die SS-12 wanderten glücklicherweise gemäß dem INF-Vertrag über die Abrüstung nuklearer Mittelstreckensysteme bereits zwischen 1988 und 1989 in die Schrottpresse. Doch wer den ehemaligen Truppenübungsplatz mit offenen Augen durchstreift, wird sich bewusst, mit welchem Aufwand die Machtblöcke sich damals bemühten, ein Gleichgewicht des Schreckens zu erhalten, indem sie sich waffenstarrend gegenüberstanden, sich gegenseitig bedrohten und so in Schach hielten. *SB*

Vorige Doppelseite: Im Sonderwaffenlager waren atomare Gefechtsköpfe gelagert

Die Hangars im Solarfeld

Flugplatz Alt Daber bei Wittstock/Dosse

Die schweren Maschinen leisteten ganze Arbeit. Sie zerfurchten den Boden, fraßen sich durchs Gestrüpp und beseitigten jede Vegetation. Zurück blieben zerwühlte Erde und dazwischen schwärzliche Ruinen. Kaum eine Fensterscheibe blieb unbeschädigt, die Türen hingen schief in ihren Angeln, von einigen Dächern waren nur noch verkohlte Sparren übrig. Und weit und breit ist kein Mensch zu sehen. Eine Szene wie aus den letzten Tagen eines Kriegs. Dabei stand die Rodung im Zeichen eines Zukunftsprojekts: Um Platz für einen Solarpark zu schaffen, wurden große Teile des Flugplatzes Alt Daber gut zwei Kilometer nördlich von Wittstock/Dosse planiert. Erst mussten die Pflanzen weichen, die das Areal über Jahrzehnte erobert hatten, danach die Gebäude. Man sieht: Auch ökologische Ausgleichsmaßnahmen können bisweilen brachiale Formen annehmen.

Ein hell glitzerndes Feld von gigantischem Ausmaß bedeckt seither

Einem Solarpark zum Opfer gefallen: Kaserne auf dem Flugplatz Alt Daber

Von gigantischem Ausmaß: Eine der Flugzeughallen bei Wittstock

große Teile der Fläche, die seit 1934 der militärischen Luftfahrt gewidmet war. Das eigentliche Flugfeld verschwand als Erstes unter Tausenden von Solarpanelen, später dann ein Großteil der Kaserne. Doch inmitten sauber glänzender Hightech liegt eine Insel der Verwahrlosung. Ungehindert modern Reste der alten Anlage vor sich hin – und zwar diejenigen Gebäude, bei denen der Denkmalschutz im Widerstreit mit dem Klimaschutz die Oberhand gewonnen hat. Vor allem die Hangars und die sogenannten Funktionsgebäude des Flugplatzes blieben vom Abriss verschont. Sie gelten als herausragende Beispiele der »Luftwaffenmoderne« – einer Abart der nationalsozialistischen Architektur, die vergleichsweise geradlinig daherkommt und auf klassizistische Elemente weitgehend verzichtet. Geprägt wurde der Stil vor allem von Ernst Sagebiel, dem Architekten des Flughafens Berlin-Tempelhof. Zu Gebäuden, die den technischen Fortschritt verkörpern sollten, passten die ansonsten in der NS-Diktatur beliebten Bezüge zur Antike schließlich nicht so gut. Als weniger schützenswert galt dem Landesdenkmalamt der Rest der Kaserne: typische NS-Architektur von der Stange und endlose Giebelhäuser. Eines von ihnen trug den Spitznamen Schlangenhaus, weil es sich endlos dahinzog.

In Alt Daber waren die nationalsozialistischen Architekten ab 1938 tätig. Nachdem das Gelände bereits seit 1934 als Segelflugplatz genutzt wurde, begann vier Jahre später die militärische Nutzung: Alt Daber wurde zur Fallschirmjägerschule. Unter den Absolventen jener Zeit war auch ein späterer Protagonist der westdeutschen Showszene: Joachim »Blacky« Fuchsberger wurde hier ausgebildet. Im Verlauf des Kriegs wurde der zunächst nur als Ausbildungsstätte geplante Flugplatz Stück für Stück Teil des Kriegsgeschehens: Mehrere Einsatzeinheiten wurden nach Wittstock verlegt, unter anderem das Nachtjagdgeschwader 100.

Die mächtigen Hangars aus dieser Zeit stehen noch – riesige Hallen mit großen Toren, von denen aus die Maschinen auf die Piste rollten, die damals noch eine Grasbahn war. Sie sind Teil des historischen Ensembles, das mitten in der Photovoltaikanlage überdauert hat. Den Fassaden der Fallschirmjägerschule sieht man ihre Denkmalwürdigkeit nicht sofort an: Die klar gegliederten Backsteinstrukturen verschwinden hinter dem olivgrünen Tarnanstrich späterer Jahrzehnte. Der Camouflage-Look nimmt den Gebäuden komplett die Eleganz. Im Innern haben sich Graffiti-Künstler verewigt. In atemberaubenden Höhen zeugen ihre Arbeiten sowohl von künstlerischem Geschick als auch von einer ordentlichen Portion Mut.

Mit endlosen Gängen: Kasernengebäude

Von den großen Hallen führt der Weg durch fensterlose Räume. Als was sie wohl dienten? Jetzt liegt hier nur noch Gerümpel herum. Treppen führen in düstere Abgründe. Irgendwo gibt es auch einen Abstieg in ein unterirdisches Kino. Zur Zeit der Wehrmacht haben hier bis zu 200 Soldaten die Wochenschauberichte gesehen. Wie komfortabel der Zuschauerraum war, kann man nicht mehr ergründen – der Zugang steht unter Wasser.

Folgende Doppelseite: In Alt Daber findet man noch viele Spuren der Besatzer

ТО ОТЧИЗНЫ ИДЁТ ТВОЙ ТРУД
АТЬ НАПРАСНО РАБОЧИХ МИНУТ
MS
CREW

Lenin ohne Gesicht

Vor dem ehemaligen Offizierskasino harrt Lenin aus. Seine Pose wirkt zwar noch machtvoll, das Gesicht aber ist verwittert, der Kopf mit Flechten und Moos bedeckt. Es handelt sich um eine der rund 30 noch erhaltenen Leninstatuen auf dem Territorium der ehemaligen DDR.

Andere Relikte der Sowjetära sind etwas versteckter. Auf einer Kellertür unter der Sporthalle hat ein unbekannter Künstler den heldenhaften Rotarmisten des Ehrenmals in Berlin-Treptow nachgemalt – wie das Original mit Kind auf dem Arm und zerstörtem Hakenkreuz unter den Stiefeln. Ein paar Meter weiter strahlt ein muskelbepackter Athlet von der Wand. Er fristet ebenso ein Schicksal in der Dunkelheit wie einige angeschimmelte Propagandatafeln. Auch sie gehören zu den letzten Zeugen der zweiten Epoche dieses Flugplatzes. Diese begann am 3. Mai 1945. Ohne nennenswerten Widerstand eroberten die Sowjets den Flugplatz, und ohne größere Unterbrechungen führten sie auch den Flugbetrieb weiter. Nun starteten und landeten hier verschiedene Jagdfliegereinheiten, ab 1961 hatte das 33. Jagdfliegerregiment der 16. Luftarmee das Kommando über das Areal.

Im Juni 1994 wurde der Flugplatz Alt Daber stillgelegt. Für die Wittstocker endete damit eine Zeit erheblicher Lärmbelästigungen. Wenn die sowjetischen Jagdflieger ihre Übungen abhielten, so berichten Anlieger, habe man sein eigenes Wort nicht mehr verstanden – die Jets durchbrachen regelmäßig die Schallmauer. Fast hätten die Wittstocker nach der Wiedervereinigung erneut mit lästigem Lärm zu tun gehabt: Es gab Pläne, den etwas südöstlich gelegenen Truppenübungsplatz Wittstock als Luft-Boden-Schießplatz zu nutzen. Doch gegen das als Bombodrom bekannte Projekt gab es massiven Protest – bis die Bundeswehr die Pläne 2009 zu den Akten legte.

Wäre das Bombodrom Wirklichkeit geworden, wäre Alt Daber vermutlich wieder zur Garnison geworden. So aber wurden die Bauten sich selbst überlassen – bis die Energiewende kam. *AS*

Der Ort, an dem schon August Stärke zeigte

Militärkomplex Zeithain

Der steinerne Torbogen zeigt einen roten Stern, Hammer und Sichel sowie zahlreiche weitere Symbole des Kommunismus. 1984 aufgestellt, markiert er den Eingang zur »Gedenkstätte Ehrenhain Zeithain« nordwestlich von Dresden, die zu Ehren der sowjetischen Kriegsgefangenen im nationalsozialistischen Deutschland aufgestellt wurde.

Als die Sowjets im April 1945 den Truppenübungsplatz Zeithain besetzten, endete damit das dunkelste Kapitel in der Geschichte dieses traditionsreichen Ortes. Seit 1941 bestand hier das Kriegsgefangenen-Mannschaftsstammlager Stalag 304 (IV H). In dem für 30 000 Menschen konzipierten Lager wurden zuerst sowjetische Kriegsgefangene und später auch Kriegsgefangene aus anderen Nationen interniert. Mindestens ebenso viele Menschen verstarben hier aufgrund der katastrophalen hygienischen Verhältnisse, der fehlenden medizinischen Versorgung sowie der unzureichenden Ernährung.

Aus Kaiserzeiten: Kasernengebäude in Zeithain

Doch die Geschichte des Truppenübungsplatzes reicht weitaus länger zurück. Das Gelände wurde erstmals 1730 militärisch genutzt: Als »Lustlager in Zeithain« ging eine gigantische Truppenschau des sächsischen Herrschers August des Starken in die Annalen ein. 1873 wurde dann an diesem Ort ein Artillerieschießplatz für die Dresdner Garnison eingerichtet. Nach der Machtübernahme der Nationalsozialisten schließlich wurde das Gelände grundlegend umgestaltet. Der

Übungsplatz wurde zum Ausbildungsort der Truppen der Wehrmacht. In unmittelbarer Nachbarschaft der Kasernen entstanden nacheinander eine Pulverfabrik, eine Heeresmunitionsanstalt und das Stammlager für sowjetische Zwangsarbeiter.

Besucht man heute das weitläufige Areal, fallen vor allem Spuren aus der Zeit der Nutzung des Truppenübungsplatzes durch die Sowjets ins Auge. Das bis 1993 von Weitem sichtbare Sockelmonument eines Panzers vom Typ T-34 verwies darauf, dass während des Kalten Kriegs hier täglich Hunderte dieser Militärfahrzeuge für einen potenziellen Einsatz probten. Es verwundert nicht, dass auch Einheiten aus Zeithain im Verlauf des Prager Frühlings 1968 in Einsatzbereitschaft versetzt wurden.

Die noch erhaltenen Kasernengebäude sind nicht etwa die nüchternen Zweckbauten aus den 1930er-Jahren, wie man sie anderenorts findet. Vielmehr richteten sich zuerst die Nationalsozialisten und später die Sowjets in Bauwerken ein, die für die Truppen des sächsischen Königs errichtet worden waren.

In Verfall begriffen: Garnison bei Dresden

Die Besonderheit der militärischen Anlagen in Zeithain ist, dass inmitten der sowjetischen Liegenschaften auch eine Kaserne der Nationalen Volksarmee der DDR (NVA) existierte. Da die Militarisierung in der DDR zunächst verdeckt vonstattengehen musste, übten hier ab 1950 Truppen der Kasernierten Volkspolizei. Erst nach der Gründung der NVA 1956 war dieses Versteckspielen nicht mehr nötig. Das von der ostdeutschen Armee genutzte Gebiet dehnte sich immer weiter aus. Dörfer wie etwa Kleintrebnitz wurden in Beschlag genommen und die Bewohner zwangsumgesiedelt. Bezeichnend ist, dass trotz der propagierten Völkerfreundschaft Kontakte zwischen den Truppen der Sowjetunion und

Vorige Doppelseite: Am Tor zur Gedenkstätte prangen sowjetische Symbole

Tradition wurde großgeschrieben: Kampfweg der Einheit im Zweiten Weltkrieg

der DDR weitgehend auf offizielle Feierlichkeiten beschränkt waren. Die Waffenbrüder schotteten sich nicht nur gegenüber der Zivilbevölkerung, sondern auch gegeneinander ab. Zu groß scheinen die Vorbehalte der sowjetischen Truppen gegenüber dem einstigen Kriegsgegner gewesen zu sein.

Nachdem 1992 der Standort geräumt worden war, setzten auch in Zeithain umfangreiche Konversionsmaßnahmen ein. Ein Großteil der Kasernengebäude wurde nach und nach zurückgebaut. Lediglich die relativ moderne Kaserne der NVA überdauerte und wird bis heute von der Bundeswehr genutzt. Wer das Gebiet durchstreift, stößt in dem zugewachsenen Dickicht auf etliche kleinere und größere unterirdische Bunkeranlagen sowie auf etliche sowjetische Denkmale. Neben der Skulptur »Mütterchen Russland« ist auch eine steinerne Mauer mit Gedenkzeichen und einem stilisierten Bajonett mit einer Höhe von zwölf Metern erhalten. Sie wurde im Zuge des Konversionsprozesses von ABM-Kräften hierher umgesetzt und teilweise auch neu angestrichen. Erinnerungszeichen und Denkmale waren wichtige Bestandteile in allen sowjetischen Kasernen sowohl in der Heimat als auch auf dem Gebiet der DDR. Sie sollten tagtäglich an den Sieg über die nationalsozialistischen Truppen im Zweiten Weltkrieg erinnern und den Kommunismus sowjetischer

Auch in Zeithain zu finden: Leninstatue

Prägung hochleben lassen. Dass sich die Bevölkerung der DDR und anderer Länder Osteuropas eines Tages gegen den Kommunismus entschieden, konnte alle Propaganda freilich nicht verhindern.

Wer den ehemaligen Militärkomplex Zeithain besucht, sollte sich auch Zeit nehmen für eine Besichtigung der Gedenkstätte. Lohnend ist ebenfalls ein Abstecher ins wenige Kilometer entfernte Riesa. Denn in dieser Stadt findet man noch eine der wenigen fast unbeschädigt erhaltenen Leninskulpturen in Deutschland. Die 3,50 Meter hohe Statue, ein Geschenk der ukrainischen Stahlmetropole Nikopol aus dem Jahre 1975, wurde 1991 von seinem prominenten Platz am Riesaer Rathaus in einen sowjetischen Ehrenhain verlegt. Dort stand Lenin ruhig und weithin unbeachtet, bis kürzlich ein rechtsextremer Stadtrat seine Eliminierung forderte. Seither wird öffentlich gestritten, ob das Denkmal des russischen Revolutionärs und Begründers der Sowjetunion als unliebsames Relikt eines gescheiterten Staates zu zerstören sei oder ob es nicht vielmehr »bleiben soll, wo es ist«, weil es schlicht »zur Geschichte von Riesa gehört«, wie die Internetzeitung »Riesa-Lokal« fordert. Man sollte die unliebsamen Kapitel der deutschen Geschichte – sei es die NS-Diktatur oder die Zeit der sowjetischen Besatzung Ostdeutschlands – nicht totschweigen, sondern an sie gemahnen und aus ihnen zu lernen versuchen, wenn einem an einer Zukunft in Freiheit und Frieden gelegen ist.

MK

Das Füllhorn propagandistischer Kunst

Truppenübungsplatz Altengrabow

»Altengrabow tief im Sande« – so lautet eine Liedzeile aus Landsknechtszeiten. Sie charakterisiert die geografischen Gegebenheiten in der Gegend um die Siedlung Altengrabow im Fläming noch heute. Tief im Sande, im Unterholz oder im Wald versteckt sind 25 Jahre nach dem Abzug der russischen Truppen, die sich hier aufhielten, auch deren Hinterlassenschaften. Doch während die Landschaft eintönig und trocken ist, sind die Spuren aus der letzten Nutzungsphase des hiesigen Truppenübungsplatzes höchst imposant.

Seit über 125 Jahren wird das Gelände fast ununterbrochen militärisch genutzt. Seit Mitte der 1990er-Jahre begann die Bundeswehr, die Liegenschaft zu nutzen und die letzten brach liegenden Teilflächen dauerhaft für Übungszwecke zu reaktivieren. Davon ist insbesondere die unmittelbar neben der Kaserne Altengrabow liegende Kaserne Rosenkrug betroffen. Panzerhaubitzen feuern vom zerwühlten Appellplatz in das Zielgebiet, die Scheiben in den alten Kasernenblöcken ringsum sind längst zersprungen. Seit der Jahrtausendwende zieht Rosenkrug allerlei wagemutige Besucher an. Beliebt ist bei denen ebenfalls eine kleine namenlose Kaserne neben der ehemaligen Munitionslageranstalt Altengrabow, auch als Brauner Busch bekannt.

Sperrzone: Kaserne Rosenkrug

Nachdem auf dem Areal bereits 1891 eine erste Übung des Berliner Garde-

Obsolet geworden: »Brandschutzdienst der Militärkommandantur«

korps stattgefunden hatte, fiel 1894 die Entscheidung, hier auf Dauer einen Truppenübungsplatz einzurichten. Der behielt durch Ersten Weltkrieg und NS-Zeit hindurch seine Funktion. Die Nationalsozialisten freilich unterhielten hier auch ein Arbeitslager für polnische Gefangene. Nach Befreiung des Lagers durch die US-Armee im April 1945 übernahm im August 1945 die Rote Armee den Standort. In den folgenden Jahrzehnten war der Truppenübungsplatz ein reiner Ausbildungsstandort, wie die in den Kasernen Rosenkrug und Altengrabow stationierten Regimenter zeigen. Hier wurden zukünftige Panzerfahrer, Artilleristen und Funker trainiert. Dauerhaft in Altengrabow stationiert war die mit nuklearen Boden-Boden-Raketen ausgerüstete 36. Raketenbrigade. Zudem gab es über viele Jahre eine Flugabwehrraketenstellung, die Feldflugplätze Lübars und Schweinitz sowie ein großes konventionelles Munitionslager mit einem Kernwaffendepot. In Randlage versteckten sich verbunkerte Nachrichtenzentralen, Führungsbunker und Funkstationen. Die Ausbildungsregimenter verließen 1983 die Kasernen, um Platz zu schaffen für die von Krampnitz kommende 10. Garde-Panzerdivision. Mit diesem Wechsel war die Aufstellung nuklearer Flugabwehrraketen mit großer Reichweite in Wendgräben verbunden, das unmittelbar westlich von Altengrabow liegt.

Die letzten russischen Kernwaffen wurden 1991 abgezogen, die letzten Soldaten der »Westgruppe der Truppen« verließen 1994 den Standort. Nachdem die Bundeswehr den Truppenübungsplatz übernommen hatte, fanden umfangreiche Arbeiten zur Beseitigung der Altlasten, Abriss- und Umbau- sowie Aufforstungsarbeiten statt. Zurück blieben zahlreiche Zeugnisse der kommunistischen Propaganda. Ursprünglich an exponierten Stellen stehend, sodass sich niemand der politischen Agitation entziehen konnte, verstecken sich diese Objekte heute an zugewucherten Orten und warten auf ihre Entdeckung durch geschichtsinteressierte Besucher.

Wie auch auf anderen sowjetischen Liegenschaften erinnern viele dieser Objekte, die heute durchaus als Kunst anerkannt sind, an die Geschichte der an dem betreffenden Ort stationierten Einheiten, Truppenteile und Verbände. Vieles hat einen Bezug zum Zweiten Weltkrieg, dem »Großen Vaterländischen Krieg«. Da finden sich etwa Karten mit den Wegen, die die Rote Armee nach Deutschland führten, werden Orden und Ehrenzeichen abgebildet und Soldaten geehrt, die sich im Kampf gegen die Wehrmacht ausgezeichnet haben. Material und Ausführung unterscheiden sich erheblich – je nachdem, was an Werkstoffen und künstlerischem Potenzial vorhanden war. Der eine oder andere kreative Soldat verbrachte die Zeit seiner Wehrpflicht damit, die ideologischen Vorgaben seines Vorgesetzten mit Farbeimer und Stift umzusetzen. Diese Werke des Agitprop wurden teils über

Typisches Baumaterial: Kalksandstein

Folgende Doppelseite: Altengrabow bietet die Kopie eines Stalingrad-Denkmals

СТРАНИЦ

die Jahre mit immer größerem Aufwand umgestaltet, wie historische Aufnahmen belegen.

Besonders interessant ist in Altengrabow ein Ehrenhain, der an einem heute gänzlich versteckten Ort an die Schlacht um Stalingrad erinnert. Ein Betonrelief innerhalb des Gedenkensembles zeigt ein finsteres Soldatengesicht und verzweifelte Momente des Schlachtgetümmels. Es handelt sich um die Nachbildung eines Denkmals aus Wolgograd, dem vormaligen Stalingrad. Weitere Repliken mit genau diesem Motiv sind weder aus der ehemaligen DDR noch aus anderen Ländern, in denen sowjetische Streitkräfte stationiert waren, bekannt. Warum sich gerade in Altengrabow eine Kopie findet, ist rätselhaft, zumal sich hier, soweit bekannt, zu keiner Zeit Einheiten befanden, die an dem Kampfgeschehen um Stalingrad beteiligt waren.

Bietet keine Waren mehr an: Magazin

Ein anderer markanter Erinnerungsort befindet sich auf dem Gelände der Truppenübungsplatzkommandantur Altengrabow: das ehemalige Museum der 10. Garde-Panzerdivision. Über der Eingangstür hängt ein Relief, das der zentralen Statue des sowjetischen Ehrenmals im Treptower Park in Berlin nachgebildet ist: Ein unbekannter Rotarmist hält ein Mädchen auf dem Arm. Es ist beabsichtigt, in diesem Gebäude eine militärgeschichtliche Sammlung zur 125-jährigen Geschichte des Truppenübungsplatzes einzurichten. Im Zuge dessen soll auch eine auffällige Stele, die sich neben dem Haus befindet und an den Kampfweg der 10. Garde-Panzerdivision im Zweiten Weltkrieg erinnert, erhalten werden.

Das Gelände des Truppenübungsplatzes Altengrabow, das auch die Kaserne Rosenkrug einschließt, ist militärisches Sperrgebiet. Umso mehr bleibt zu hoffen, dass die Sachzeugen der bewegten Geschichte dieses Orts bald museal aufbereitet werden. *SB*

Die verborgene Kaserne am Bodden

Garnison bei Ribnitz-Damgarten

Die Sonnenstrahlen brechen sich im Wasser. Welle für Welle rollt an den kleinen Sandstrand. Hinten im Schilf macht ein offenbar sehr agiler Frosch lautstark auf sich aufmerksam. Idylle pur. Man kann sich kaum noch vorstellen, dass bis 1994 hier die Jagdflieger der sowjetischen und später der russischen Streitkräfte unablässig über den Bodden donnerten. Vom Fliegerhorst von Pütnitz, einem Ortsteil der Stadt Ribnitz-Damgarten, flogen sie unter anderem zu Luftschießübungen über der Ostsee.

Entstanden ist der Fliegerhorst bereits ab 1935 unter der Herrschaft der Nationalsozialisten. Mehrere kriegswichtige Betriebe wie die Walther-Bachmann-Flugzeugwerke gruppierten sich um ihn. Nach dem Zweiten Weltkrieg zog in Pütnitz die Rote Armee ein und gestaltete das Areal

Gegen Vandalismus gesichert: Garnisonsgebäude im mecklenburgischen Pütnitz

Idylle ohne Fluglärm: Blick von Flugzeughalle auf Garagentrakt und Bodden

in weiten Teilen um. Der riesige Kasernenkomplex und das weitläufige Flugfeld boten für die Besatzer beste Voraussetzungen.

Die drei noch erhaltenen Flugzeughallen werden heute durch ein Technikmuseum genutzt. Es hat hier am Ribnitzer See einen besonderen Ort und viel Platz gefunden, um seine Exponate, vorrangig militärische und zivile Fahrzeuge aus den ehemaligen Warschauer-Pakt-Staaten, wettergeschützt unterzubringen und dem interessierten Publikum zu präsentieren. Im Sommer wird alljährlich das sogenannte Ostblocktreffen veranstaltet, auf dem allerlei militärisches Gerät in Aktion bestaunt werden kann – ein Fest für Ostalgiker.

Doch das weitaus spannendere Areal verbirgt sich im Wald hinter dem Museum. Rot verklinkerte Backsteinbauten, Überreste sowjetischer Denkmale und ein Obelisk machen den Besucher schon von Weitem neugierig auf eine geheimnisvolle Welt, die früher hermetisch abgeriegelt war. Doch wer mag die Denkmale zerstört haben? Waren es die abziehenden russischen Streitkräfte selbst oder Jugendliche aus der Umgebung, die sich in dem zeitweilig als Niemandsland empfundenen Areal austobten?

Die Gebäude sind glücklicherweise fast alle verschlossen, die Dächer vielfach noch ohne Schäden. Tritt man ein in eines der Häuser, findet man vielfältige Spuren der Menschen, die sich hier einst fern der Heimat einzurichten versuchten: Wandbilder, Reste von Zeitungen und Fotos. Hier und da sind auch noch Tische, Betten, Schränke erhalten. Im Stabsgebäude liegt ein geplünderter Tresor in der Ecke. Was mag hier einst wohl aufbewahrt worden sein? Geheime Einsatzpläne für einen koordinierten Angriff auf die Truppen der NATO mitsamt den Codes für das nukleare Waffenarsenal? Oder nur Geld für die Versorgung der mehreren Tausend Soldaten mit allen notwendigen Waren? Auch wenn in der Nähe der Garnison für die Lebensmittelversorgung verschiedene Nutztiere gehalten wurden, war man nicht völlig autark. Milch oder Getreide wurde gern von lokalen landwirtschaftlichen Produktionsgenossenschaften angekauft – oder gegen Diesel oder Benzin eingetauscht.

Über den Eingängen der Kasernenbauten erinnern Reliefbilder an den nationalsozialistischen Ursprung der Gebäude. Die Häuser für die Offiziere unterschieden sich nicht grundsätzlich von denen für die Mannschaften. Doch findet man in ihnen riesige Gemeinschaftsschränke zur Unterbringung der wenigen persönlichen Gegenstände ihrer Bewohner. Der Dienst in der sowjetischen Armee war immer auch mit erheblichen Entbehrungen und Schikanen verbunden. Frisch eingezogene Soldaten wurden häufig durch länger dienende Kameraden drangsaliert. Daher kam es nicht selten vor, dass Soldaten sich unerlaubt von der Truppe entfernten, um in der DDR unterzutauchen oder sich gar bis in die Heimat durchzuschlagen. Doch in der Regel fanden die eigens zusammengestellten Suchtrupps die Deserteure schnell. Dass die Situation des betreffenden Soldaten nach solch einem Fluchtversuch noch düsterer wurde, versteht sich.

Schöne Erinnerungen: Fallschirmspringerinnen

Streift man durch die verlassene Garnison, findet man auch Gemein-

Folgende Doppelseite: In diesem Bunker konnten Atombomben gelagert werden

schaftsräume wie eine Turnhalle und eine Kantine nebst Großküche. Die Töpfe, Pfannen und Herde, die sich einst in Letzterer befanden, dürfen inzwischen anderenorts der Versorgung von Soldaten dienen. Weniger einfach zu finden sind eine in einem Keller versteckte Banja, ein saunaähnliches russisches Dampfbad, sowie provisorisch eingerichtete Fitnessräume auf einigen Dachböden.

Auf heutige Fitnessbedürfnisse zählt auch die Stadt Ribnitz-Damgarten. Sie würde das imposante Areal gern nutzen, um den Fremdenverkehr anzukurbeln. Auf einer Fläche von 550 Hektar plant sie seit Längerem den Bau eines »Bernstein-Resort-Pütnitz«. Eine Marina mit umfangreichem Dienstleistungszentrum soll im westlichen Teil der Liegenschaft verbunden werden mit einer Ferienanlage mit modernen Hotels, die 3000 Betten, Schwimmbäder und Spa-Bereiche bieten. Schließlich boomt der Tourismus in der Region, die Küste Mecklenburg-Vorpommerns gehört längst zu den beliebtesten Reisezielen innerhalb Deutschlands. Neues Leben rund um die historischen Gemäuer – das wäre doch etwas. Wenn nur endlich ein Investor gefunden würde!

Überblick: Karte des Flughafengeländes

Es bleibt zu wünschen, dass die künftige Konversion des Geländes so behutsam erfolgt, dass wesentliche Zeugnisse der Geschichte des Areals erhalten bleiben. Bis dahin zählt der ehemalige Flugplatz Ribnitz mitsamt der Garnison zu den größten Geisterstätten in Mecklenburg-Vorpommern. Bei aller Tristesse, die der Besucher heute vorfindet: Verlassene Bunker, sowjetische Denkmale und die Kasernengebäude bilden ein Ensemble, das das Herz jeden geschichtsinteressierten Menschen höherschlagen lässt. Und nicht zuletzt danken uns Flora und Fauna den Schwebezustand, in dem sich das Areal zurzeit befindet. So kann der Frosch weiterhin ungestört um Aufmerksamkeit buhlen. *MK*

Der zurückgelassene Fliegende Panzer

Flugplatz Brandis

Ein Haufen zerbröselnder Schrott ist eine der auffälligsten Spuren, die von der militärischen Nutzung des Flugplatzes Brandis erzählen. Die Reste roter Zeichen auf der grünen Tarnfarbe zeigen, dass es die Sowjetarmee war, auf die er zurückgeht. Einer Metapher gleich löst sich der nahezu originalgetreue Nachbau eines Schlachtflugzeugs seit Jahren Stück für Stück in Luft auf. Im Zweiten Weltkrieg galt die Il-2 als eines der meistgebauten Kampfflugzeuge weltweit – die Sowjets nannten sie martialisch »Schturmowik« oder schlicht »Fliegender Panzer«. An exponierter Stelle Mitte der 1980er-Jahre als metallenes Denkmal auf einem Sockel zum Zwecke der Propaganda und Erinnerung zusammengeschweißt und vernietet, verblieb das nachgebaute Flugzeug nach Abzug der russischen Streitkräfte 1992 an Ort und Stelle. Der Grund dafür dürfte gewesen sein, dass es eben kein funktionsfähiges Original, sondern nur eine Replik war. So versinnbildlicht dieses vergessene sowjetische Denkmal den Wechsel der Zeiten wie auch den nachlässigen Umgang mit den Zeugnissen der Geschichte.

Sitz der Flugleitung: Tower in Brandis

Wie viele andere sowjetische Liegenschaften in der DDR geht auch der Fliegerhorst Brandis, der 20 Kilometer östlich von Leip-

Zeugen des Besatzungszeit: »Fliegender Panzer« und freigelegtes Wandbild

zig liegt und auch unter den Namen Polenz oder Waldpolenz bekannt war, auf die Zeit des Aufbaus der Luftwaffe im nationalsozialistischen Deutschland zurück. Zunächst ein Fliegerhorst wie viele andere, wurde Brandis ein Ort einer jener geheimen »Wunderwaffen«, mit denen das NS-Regime dem Zweiten Weltkrieg, der längst nicht mehr zu gewinnen war, eine Wende zu geben versuchte. Raketenjäger vom Typ Me 163 sollten von hier aus alliierte Bomberströme abwehren, deren Ziel die Treibstoffproduktion der westlich von Brandis gelegenen Leunawerke war. Zur Unterstellung dieses neuartigen Flugzeugs wurde – vermutlich eine Weltneuheit – auf dem Fliegerhorst eine betonierte Bogendeckung gebaut. Der Rohbau eines solchen Bunkers, der später von den sowjetischen Streitkräften in ein Munitionslager am Rand des Flugplatzes integriert wurde, blieb bis heute erhalten. Dieser in Deutschland einmalige Bau wurde erst in den 1990er-Jahren auf dem Gelände entdeckt.

Die Sowjets, die das Areal im Juli 1945 übernahmen, entwickelten es ab Ende der 1950er-Jahre zu einem Hubschrauberstandort. Zunächst drehten hier riesige Transporthubschrauber ihre Runden. Aus dieser Zeit blieb in der – inzwischen verfallenden – Flugleitstelle ein Wandbild erhalten, das eine Szene mit derartigen Hubschaubern vom Typ Mi-6 zeigt. Solche Wandbilder lassen oft interessante Rückschlüsse auf die Stationierungsgeschichte eines Standorts zu. 1977 löste das 225. Kampfhubschrauberregiment das 239. Transporthubschrauberregiment in Brandis ab. Kurz darauf folgte eine Staffel mit Aufklärungsdrohnen. Diese Fluggeräte waren damals mitunter am ostdeutschen Himmel im Tiefflug zu sehen. Für die Unterbringung der Offiziere und ihrer Familien entstanden über die Jahre immer weitere der für den DDR-Wohnungsbau typischen Plattenbauten. Ein besonders langer Bau wurde gern Kreuzer genannt und ist manch einem der damaligen Bewohner bis heute in Erinnerung.

Ein erneuter Stationierungswechsel fand im Jahr 1985 statt: Das 357. Schlachtfliegerregiment mit seinen Su-25 verdrängte das Hubschrauberregiment nach Allstedt. Der Wechsel von Helikoptern zu Flugzeugen hatte Folgen für den Flugplatz: Offene Splitterschutzbauten wurden angelegt, und im Anflugbereich musste eine Landstraße verlegt werden. Noch 1989 wurde in Brandis schließlich das 485. Kampfhubschrauberregiment neu aufgestellt.

Zu diesem Zeitpunkt waren hier über 100 Flugzeuge und Hubschrauber stationiert. In der mittlerweile viel zu kleinen Kaserne lebten vermutlich rund 5000 Soldaten und Offiziere nebst ihren Angehörigen – eine pulsierende Kleinstadt mit unablässigem Flugbetrieb. Doch dieser Zustand währte nur kurz. Denn als die Sowjettruppen präsenter denn je waren in Brandis, war in der DDR längst die friedliche Revolution einge-

Vom Abriss bedroht: Kasernengebäude auf dem Flugplatz in der Nähe Leipzigs

läutet. Und mit einem Mal sahen sich die einstigen Besatzer in der Rolle der geduldeten Gäste auf Abruf. Im April 1992 endete auch diese Phase, die nunmehr russischen Streitkräfte wurden aus Brandis abgezogen. In den letzten Monaten ihrer Anwesenheit ebneten Planierraupen Teile des Flugfelds mitsamt den Splitterschutzboxen ein – eine Renaturierung auf russische Art, die so manche Umweltsünde, die über die Jahre begangen worden war, unter den Teppich zu kehren versuchte.

Die deutsche Verwaltung, die den Flugplatz übernahm, nachdem die letzten russischen Transportflugzeuge abgehoben hatten, wusste zunächst nicht, wie sie das Militärareal nutzen sollte. Eine fliegerische Nachnutzung setzte sich nicht dauerhaft durch. Nach mehreren Jahren des Stillstands und des fortschreitenden Verfalls bestimmten Ausgleichsmaßnahmen und die Energiewende das weitere Schicksal. Ein Solarpark bedeckt heute das Flugfeld, später ergänzt um eine Biogasanlage. Sukzessive verschwanden die Zweckbauten, der Kernbereich der Kaserne blieb allerdings nahezu unberührt. Teilweise unter Denkmalschutz gestellt, zerfallen die Bauten des Fliegerhorstes. Interessante Details lassen sich dennoch entdecken. So verweisen Mörtel- und Farbreste auf dem Boden und an den Wänden darauf, dass eine der Flugzeughallen durch eine Mauer geteilt worden war. Vermutlich waren hier zwei Einheiten voneinander strikt getrennt worden, Geheimhaltung war in der Sowjetarmee schließlich oberstes Prinzip.

Im Unterholz: Allgegenwärtiger Lenin

Ein Museum, das eine historische Aufarbeitung der Geschichte des Areals leisten könnte, wurde bisher leider nicht realisiert. So muss der Besucher bis auf Weiteres mit einem Häufchen rostbraunen Altmetalls auf einem verfallenden Sockel vorliebnehmen. *SB*

Vorige Doppelseite: Ein Wandbild zeigt den Transporthubschrauber Mi-6

Das Versteck eines Fernsehlieblings

Garnison Nohra bei Weimar

In kaum einer anderen Stadt liegen Licht und Schatten der deutschen Geschichte so dicht beieinander wie in Weimar. Die thüringische Universitätsstadt kann mit einem unvergleichlichen kulturellen Erbe prunken, als Zentrum der deutschen Klassik und als Wiege des Bauhauses, als Sitz der Herzogin Anna Amalia Bibliothek und der Hochschule für Musik Franz Liszt, mit prächtigen Schlössern, Kirchen und vielem mehr. Doch ganz in der Nähe der touristischen Anziehungspunkte finden sich auch Stätten, deren Ruf nachhaltig beschädigt ist durch die Rolle, die sie in der Zeit der nationalsozialistischen Diktatur spielten. Auf dem Ettersberg im Norden Weimars befand sich mit dem KZ Buchenwald ab 1937 eines der größten Konzentrationslager in Deutschland, in dem etwa 56 000 Menschen ums Leben kamen. Und in Nohra am westlichen Rande der Stadt wurden Soldaten für den geplanten Vernichtungskrieg ausgebildet, mit dem Hitlerdeutschland seine Nachbarn unterjochen wollte.

Vom ersten nationalsozialistischen KZ zum Standort der GSSD: Garnison Nohra

Letzte Erinnerung an die militärische Nutzung: Ehemalige Wartungshalle

Den Begriff Heimat okkupierten nationalistische Kräfte schon immer gern für ihre Zwecke. In Nohra existierte seit 1928 eine »Heimatschule Deutschland«. In ihr wurden 1933 rund 200 Thüringer Antifaschisten interniert – in Deutschland hatte das Zeitalter der KZs begonnen. Die »Heimatschule« nutzte das Gelände eines während des Ersten Weltkriegs erbauten militärischen Flugplatzes, der nach dem Friedensvertrag von Versailles seinen Betrieb einstellen musste. 1935 wurden im Zuge der Wiederaufrüstung Deutschlands die noch bestehenden Anlagen zum Fliegerhorst Weimar-Nohra ausgebaut, auf dem Kampfpiloten ausgebildet wurden und später auch Jagdflugzeuge stationiert waren. Ab 1937 wurden südlich des Flugfelds, im Wald versteckt, Kasernen errichtet.

Nach Kriegsende zunächst von der US-Armee übernommen, wurde der Flugplatz im Juli 1945 der Roten Armee übergeben. In den Folgejahren bauten die Sowjets das Areal zu einem ihrer wichtigsten Standorte in der DDR aus. Ab 1956 war Nohra überdies eine der größten Hubschrauberbasen im Land.

Die vielbeschworene Freundschaft der sozialistischen Völker blieb auch in Nohra ein reines Lippenbekenntnis. Kontakte zwischen den hinter hohen Mauern kasernierten Soldaten und der Bevölkerung waren streng verboten. Was die Weimarer von ihren sowjetischen Freunden wahrnahmen, war zuallererst der infernalische Lärm, den deren Hubschrauber verursachten.

Nach dem Abzug der russischen Truppen 1992 wurde die einst hermetisch abgeriegelte Liegenschaft zum Anziehungspunkt vieler geschichtsinteressierter oder schlicht neugieriger Zeitgenossen, und die Garnison verkam Schritt für Schritt zum Abenteuerspielplatz. Ihre abgeschiedene Lage war vermutlich auch der Grund dafür, dass der Keller des früheren Stabsgebäudes 2009 zum Versteck einer beliebten Plastikskulptur wurde, nach der halb Erfurt gefahndet hatte. Das zwei Meter hohe Objekt stellte »Bernd das Brot« dar, eine populäre Figur des Kinderfernsehkanal KiKA, und warb direkt neben dem Erfurter Rathaus für den in der thüringischen Landeshauptstadt ansässigen Sender. Tagelang liefen alle Versuche, den Entführten zu finden, ins Leere. Erst der Tipp einiger geschichtskundiger Weimarer führte die Fahnder zu dem Versteck in der Nohraer Garnison. Es muss ein skurriles Bild abgegeben haben, wie Bernd direkt an der erhaltenen Leninstatue vorbei getragen werden musste. Lenin meets Bernd! Von der Befreiungsaktion sind Fotos im Archiv der Polizei zu finden.

Ohne Strom: Eingangsbereich einer Kaserne

Bernd das Brot in Not

Heute sind von den ursprünglich mehr als 30 Kasernenbauten nur wenige erhalten. Doch noch der verbliebene Rest strahlt eine besondere Atmosphäre aus. Dort ein eingeschlagenes Fenster, im nächsten Gebäude eine eingetretene Tür. Dazwischen mahnt die Skulptur von Wladimir Iljitsch

Lenin an den Gründungsvater der Sowjetunion. Wer das verlassene Areal durchschreitet, mag sich vor Augen führen, welch eine logistische Meisterleistung der Abzug der Besatzungstruppen aus der DDR war, der vor 25 Jahren seinen Abschluss fand. Knapp eine Million Menschen verließen mit der »Westgruppe der Truppen« die neuen deutschen Bundesländer. Sie kehrten nach Russland zurück und in die ehemaligen Teilrepubliken der Sowjetunion. Dies ging nicht nur mit einem gesellschaftlichen Umbruch in Deutschland daher, sondern führte auch zu einer wahren Völkerwanderung quer durch Europa. Alles vom militärischen Großgerät bis zur kleinsten Schraube wurde durch ein ausgeklügeltes System zuerst auf dem Landweg durch Polen und dann auf dem Luft- oder dem Meerweg nach Russland verbracht. Der Abzug geschah ohne große Zwischenfälle, auch wenn solch eine Großaktion natürlich ein Einfallstor für kriminelle Handlungen darstellt. Der illegale Waffenhandel blühte, in Deutschland gestohlene Autos verschwanden zuhauf in den Osten.

Hat ausgespielt: Theatersaal im Casino

Von alledem erzählt auch Nohra. Gestern Militärstandort, heute Geisterstadt. Gestern Drill und Ordnung, heute Tummelplatz für Abenteurer und Neugierige. An den einstigen Hubschrauberflughafen erinnert nur noch eine Wartungshalle. In den letzten Jahren wurden bis auf das ehemalige Offizierskasino, die einstige Kommandantenvilla sowie die Wache der Kaserne Nohra alle Gebäude abgetragen, Teile des Flughafenareals wurden renaturiert. Ein Solarfeld auf dem einstigen Flugfeld erzeugt heute sauberen Strom. Rechnet man die Leistung aller Ökostromanlagen an früheren Militärstandorten zusammen, dann weiß man, dass der Abzug der russischen Truppen die Energiewende nachhaltig befördert hat. *MK*

Vorige Doppelseite: Von außen wirkt das Casino mit seiner Terrasse idyllisch

Die geheimnisvolle Unterwelt der Besatzer

Tiefbunker in Erfurt-Schaderode

Unter dem Pflaster der Großstädte gibt es oft geheimnisvolle Welten zu entdecken. Ob die Katakomben von Paris oder die stillgelegten Tunnel Berlins – die Unterwelten erfreuen sich steigenden Interesses. Doch auch außerhalb der Metropolen gibt es unter der Grasnarbe häufig aufregende Anlagen zu entdecken. Auf dem Gebiet der früheren DDR handelt es sich dabei nicht zuletzt um unterirdische Bunker der sowjetischen Streitkräfte, geschaffen, um wichtige Einrichtungen vor feindlichen Angriffen und den Augen der deutschen Zivilbevölkerung zu schützen. Einen Teil dieser Unterwelten kann man heute erkunden, ohne sich allzu großen Gefahren auszusetzen – sofern man mit festem Schuhwerk und einer Taschenlampe ausgerüstet ist.

Jägerleitstelle: Tiefbunker in Schaderode

Unterirdische Bunker der Sowjets waren über das gesamte Gebiet der DDR verteilt. Jeder hatte seinen konkreten Zweck – doch häufig ist unbekannt, welche Aufgabe eine Anlage im konkreten Fall hatte. Manche Bunker bargen Führungsstellen für Stabspersonal, andere Nachrichtenzentralen, und wieder andere waren Depots für Kernwaffen. Viele von ihnen befanden sich auf Kasernengeländen, Truppenübungsplätzen oder Flugplätzen, da diese Einrichtungen ohnehin überwiegend Sperrgebiet waren. Mitunter lagen sie aber auch mitten in der Natur, in Forstgebieten etwa. Als in den 1980er-Jahren die DDR die sowjetischen Liegenschaften vollständig zu erfassen versuchte, musste man schon ganz genau auf den Waldboden schauen, um die raffiniert angelegten und hervorragend getarnten Bunkeranlagen ausfindig zu machen. Manch ein Holzstapel oder Steinhaufen entpuppte sich als Zugang zu einer geheimen Unterwelt. Gerade für solche kleinen Bunker lässt sich heute oft nicht mehr der konkrete Verwendungszweck bestimmen. Je größer die Anlagen sind, desto leichter lassen sich mittlerweile Funktion und Entstehungszeit benennen.

Selbst die größten sowjetischen Bunker verfügten über nicht mehr als zwei Etagen. Grundsätzlich kamen genormte Betonfertigteile zur Anwendung, das machte die Errichtung dieser Bauten preisgünstig und schnell. Manche der unterirdischen Anlagen wurden im Laufe der Zeit aus verschiedensten Gründen erweitert, sodass mancher heutige Besucher staunend in ihnen umherirrt und immer weitere verwinkelte Flure und Räume entdeckt.

Vergleichbar: Jägerleitbunker in Damgarten

Nicht nur in der Region Berlin-Brandenburg, sondern auch beispielsweise in Erfurt sind spannende Entdeckungen möglich. In Schaderode – inzwischen eingemeindet in die Landeshauptstadt Thüringens – befand sich, ganz in der Nähe des Flugplatzes Bindersleben, der von den sowjetischen Luftstreitkräften bis in die 1950er-Jahre für Ausweichstationierungen genutzt wurde, eine Radarstellung der Luftverteidigung. Aufgabe der dort stationierten Soldaten war die Ermittlung von Luftlagedaten. Drehende und

Ebenfalls unterirdisch: Nachrichtenzentrale

nickende Radarantennen bestimmten das Bild nach außen und sorgten in den Wohnungen ringsum für regelmäßige Störungen auf den Fernsehbildschirmen.

Nicht weit entfernt, in einem kleinen Waldstück knapp außerhalb von Schaderode, befand sich ein auf den Betrachter eher unauffällig wirkender unterirdischer Bunker. Tief in die Erde eingegraben, wurde er Ende der 1950er-Jahre in monolithischer Bauweise errichtet, für damalige Verhältnisse in höchster baulicher Qualität. Welchen Aktivitäten die Sowjets hier nachgingen, war von außen nicht zu erkennen. Der Bundesnachrichtendienst interessierte sich für den Bau und kategorisierte ihn als Tiefbunker. Vergleichbare Bauten der Sowjets waren bis dahin nicht bekannt gewesen. Damals konnten noch weitere Standorte mit solchen Tiefbunkern identifiziert werden: bei Damgarten, Rechlin und Merseburg – alle in der Nähe von sowjetischen Militärflugplätzen. Auch die Funktion hatte man schnell herausgefunden: Es handelte sich um verbunkerte Jägerleitstellen, von ihnen aus wurden Jagdflugzeuge zu ihren Zielen geführt. Tief unter der Erde saß das Personal vor flimmernden kreisrunden Monitoren und gab Kursanweisungen und Angriffsbefehle per Sprechfunk an die Piloten durch. Auf Basis der Luftlage – die mit den damaligen technischen Mitteln nur mit zeitlicher Verzögerung dargestellt werden konnte – koordinierten in anderen Räumen der Bunkeranlage Offiziere die Flugwege der eigenen Kräfte bei Abwehrhandlungen und Luftoperationen. Dies galt aber nur bis zu den 1960er-Jahren, die voranschreitende Technik und die zunehmende Komplexität des Geschehens im Luftraum war danach in dem viel zu kleinen

Druckdicht: Schutztür zum Nachrichtenbunker

Bunker nicht mehr zu bewältigen. Eventuell diente die Bunkeranlage fortan als Reservegefechtsstand der Luftstreitkräfte.

Später entstand neben diesem Tiefbunker bei Schaderode ein weiterer, kleinerer Bunker, ebenfalls in monolithischer Bauweise. Hierbei handelte es sich um eine Stütznachrichtenzentrale, also eine geschützte Fernmeldeeinrichtung. Ein dichtes Netz solcher Nachrichtenzentralen, die im Kriegsfall stabile Kommunikationswege gewährleisten sollten, überzog das Land. Die Einrichtungen wurden teils so gut im Gelände versteckt, dass bis heute nicht alle entdeckt worden sein dürften.

Die beiden Bunker im Wald bei Schaderode sowie die Radarstellung blieben bis Anfang der 1990er-Jahre in Betrieb. Während die verbunkerte Jägerleitstelle um 2010 abgerissen wurde, blieb die Stütznachrichtenzentrale erhalten: Nach einigen Jahren des Leerstands erhielt sie eine neue Zugangstür und fand eine zivile Nachnutzung. Das Gelände dient heute als Hundeübungsplatz. Die Radarstellung hingegen wurde im Zuge des Neubaus der Autobahn A71 fast vollständig geschliffen. Nur noch einzelne Hügel, auf denen die Antennen standen, erinnern an die ausgefeilte Infrastruktur, die die sowjetischen Truppen einst in der DDR schufen, um für einen Krieg gegen die NATO gewappnet zu sein. *SB*

Vorige Doppelseite: Die Nachrichtenzentrale in Erfurt ist kaum zu entdecken

Der Treffpunkt der Hollywoodstars

Garnison Krampnitz

Auf die Liste der Besucher wäre selbst ein Promi-Club in Beverly Hills stolz. Berühmtheiten wie Quentin Tarantino, George Clooney und Tom Cruise gaben sich hier schon die Ehre. Und mit Ulrich Mühe und Moritz Bleibtreu schauten auch einige bekannte Kollegen aus Deutschland vorbei. Dabei ist dieser Treffpunkt der Filmstars ungefähr so glamourös wie der Hinterhof eines stillgelegten Kleinstadtkinos: Brüchige Fassaden, leere Fensterhöhlen und aufgebrochene Straßen bestimmen das Bild in der ehemaligen Garnison der Sowjets in Krampnitz. Klassische Leinwandschönheiten sehen anders aus. Dafür ist die Darstellerin außergewöhnlich wandelbar – und macht in jedem Film eine gute Figur. In »Enemy at the Gates« verkörpert sie Stalingrad. In »Tribute von Panem« stellen ihre Plattenbauten ein Viertel in der Phantasy-Stadt Kapitol dar. In »Monuments Men« spielen die Offiziershäuschen ein winterliches Dorf. Und in »Resident Evil« mutiert das Offizierskasino zu einer Villa in der fiktiven Stadt Raccoon City.

Einst Reitschule: Krampnitzer Garnison

Überhaupt erfreut sich das Offizierskasino besonderer Beliebtheit bei den Filmproduzenten. In der Jules-Verne-Adaption »In 80 Tagen um die Welt« muss es als Londoner Akademie herhalten, in einer Verfilmung des Theodor-Fontane-Romans »Effi Briest« als Strandhaus und in »Inglourious Basterds« als Büro von Winston Churchill.

Warum gerade das Kasino mit seinem nationalsozialistischen Prunk zum Sitz des britischen Hitler-Gegenspielers wurde, bleibt das Geheimnis des Regisseurs Quentin Tarantino. Authentischer wirkt der pompöse Saal als Neue Reichskanzlei in Dani Levys Hitler-Satire »Mein Führer«. In »Operation Walküre« wird der Bau zu einer schnöden Berliner Kneipe degradiert. Dabei gab es hier erstmals einen realen Bezug zur Filmhandlung: In Krampnitz warteten am 20. Juli 1944 Vertraute des Hitler-Attentäters Claus Schenk Graf von Stauffenberg, um von dort aus Truppen nach Berlin zu schicken. Doch bekanntlich kam es leider anders.

Als in dem Wehrmachtsoffizier Stauffenberg die Erkenntnis reifte, dass Hitler doch nicht die von ihm selbst beschworene »Erlösung« sein konnte, waren in Krampnitz bereits Tausende von Soldaten für den Vernichtungskrieg ausgebildet worden. 1935 hatte das Oberkommando des Heeres den Bau der Kaserne als »Heeres-Reitschule« beschlossen. Die sollte die »Kavallerieschule Hannover« ablösen – eine Einrichtung, an der Ende der 1920er-Jahre auch der junge Stauffenberg ausgebildet worden war. Dass die Wahl auf diesen Standort fiel, war kein Zufall: In der nahen Döberitzer Heide befand sich ein großer Truppenübungsplatz, auf dem schon die Preußenkönige ihr Militär ausbilden ließen. Von 1937 bis 1939 entstand nun eine 120 Hektar große Anlage. Konzipiert war sie

Beliebt bei Filmproduzenten: Pompöser Saal des Offizierskasinos

zunächst für 3700 Mann und 1700 Pferde. Obwohl die Motorisierung des Militärs voranschritt, hielt die Wehrmacht 1939 noch über eine halbe Million Rösser. Doch schon bald wurden die Soldaten in Krampnitz auch auf Motorrädern, Autos, Späh- und Schützenpanzern ausgebildet. Nachdem Letztere immer stärker in den Vordergrund gerückt waren, wurde aus der Reitschule 1943 die »Panzertruppenschule II«.

Die Architektur erzählt bis heute viel über die Entstehungszeit der Garnison. Es ist offenkundig, dass sie für die militärische Elite erbaut wurde. Die Kavallerie genoss noch in der Wehrmacht eine Sonderstellung – als Einheit für Herrenreiter im Dienste des Militärs, Leute wie Stauffenberg eben. Folglich war Krampnitz äußerlich repräsentativer als die meisten anderen Garnisonen der Zeit. Ob Wachturm oder Fähnrichsheim – der Berliner Architekt Robert Kisch durfte beweisen, dass er die Stilmittel des Neoklassizismus in seiner nationalsozialistischen Ausprägung bestens beherrschte. Hohe Portale, mächtige Pfeiler und viel Naturstein lassen Krampnitz bis heute als Hervorbringung der NS-Zeit erkennen.

Filmkulisse: Hakenkreuzmosaik in Krampnitz

Dies gilt vor allem für das Offizierskasino. Das »Ehrenpreiszimmer«, in dem einst die Trophäen der Reitschule präsentiert wurden, wird geprägt durch eine monumentale Rosette an der Decke. Im großen Saal geben Fenster von gigantischer Höhe und opulenter Stuck dem Besucher das Gefühl, ganz klein und nichtig zu sein. Die überdimensionierten Leuchter allerdings hängen nicht mehr – wie der Saal auch sonst viel von seinem Glanz eingebüßt hat.

Die ungebetenen Gäste der letzten drei Jahrzehnte haben zerstört, was die Sowjets vier Jahrzehnte lang unangetastet ließen. Denn mit der

Folgende Doppelseite: Das Wandbild zeugt noch von der Ära Stalins

ШЕЙ РОДИ

Architektur der Gegner im Großen Vaterländischen Krieg gingen die Sieger überraschend pfleglich um. In der Sowjetunion der Stalin-Ära baute man schließlich ähnlich. Zumindest in ihren architektonischen Vorlieben waren sich Hitler und Stalin bemerkenswert ähnlich. Lediglich einige Hakenkreuze wurden von der Besatzungsmacht notdürftig getilgt. Dafür wurde die eine oder andere Wand im Stil der neuen Zeit geschmückt: Heroische Szenen aus der Geschichte der Sowjetunion finden sich hier ebenso wie bunte Gipsreliefs mit militärischen Motiven.

Verblasste Geschichte: Turnhalle

Die Rote Armee hatte Krampnitz am 27. April 1945 kampflos eingenommen. Noch im selben Jahr bezog die 10. Garde-Panzerdivision die fast noch frischen Gebäude. Später folgten unter anderem ein Flugabwehrregiment sowie ein Panzerausbildungsregiment. Schon während des von Michail Gorbatschow eingeleiteten Umbruchs in der Sowjetunion verließen die ersten Einheiten die Krampnitzer Garnison, seit 1992 wird die 1991 dem Bundesvermögensamt Potsdam übergebene Liegenschaft nicht mehr militärisch genutzt.

Über mehrere Jahrzehnte war Krampnitz eine Geisterstadt geblieben. Aus den Dächern der Offiziershäuschen sprossen die Birken, die entkernten Plattenbauten der Sowjets strahlten Endzeitstimmung aus, auf dem Exerzierplatz fiel die Rednertribüne langsam in sich zusammen. Pläne für eine Nachnutzung gab es viele – die meisten scheiterten.

Mittlerweile aber beherrschen Bauarbeiten das Gelände: Aus der ehemaligen Kaserne wird ein neuer Stadtteil für rund 10000 Menschen, die ersten sollen 2025 einziehen. Spielfilme werden dann in Krampnitz wohl nicht mehr gedreht werden – allenfalls vielleicht mal ein »Tatort« über die menschlichen Abgründe im Speckgürtel der Hauptstadt. *AS*

Das größte unbewohnte Gebiet Deutschlands

Polygon Magdeburg

Es könnte die pure Idylle sein. Die Colbitz-Letzlinger Heide nördlich von Magdeburg ist das größte zusammenhängende Heidegebiet Mitteleuropas. Mehr noch, sie ist der größte unbewohnte und nicht landwirtschaftlich genutzte Landstrich Deutschlands. Weithin unberührte Natur breitet sich hier aus, im Frühling blüht der Ginster, im Sommer das Heidekraut, ausgedehnte Misch- und Lindenwälder nehmen einen Teil des Gebiets ein, Biber und Forellen, Wiedehopfe, Baumfalken und andere Waldbewohner sind zuhauf zu beobachten. Nur einen kleinen Schönheitsfehler hat dieses Naturparadies: Es ist seit Langem ganz überwiegend militärisches Sperrgebiet.

Der größte sowjetische Truppenübungsplatz in der DDR trug den Namen Polygon Magdeburg oder Ausbildungszentrum Magdeburg. Die Dimensionen des Geländes ließen es zu, auf Divisionsebene das Schießen

Für die Ausbildung von Stabsoffizieren: Schule in der Kaserne Colbitz

auf reale Entfernungen mit scharfer Munition zu üben – ein Alleinstellungsmerkmal. Doch es wurde hier nicht nur geschossen, sondern am Rand des Übungsplatzes waren auch große Truppenkontingente dauerhaft stationiert. Zuletzt befanden sich hier bis zu fünf Großverbände der Landstreitkräfte und der Truppenluftabwehr sowie ein Feldflugplatz der Luftstreitkräfte.

Der DDR-Öffentlichkeit bekannt war vor allem die Kaserne Hillersleben am Südrand des Polygons Magdeburg, in der eine Panzerdivision stationiert war. Am gegenüberliegenden Ende des Geländes, im 30 Kilometer entfernten Staats, befand sich eine weitere Kaserne, die von den Bürgern wahrgenommen wurde. Auch als Kaserne Börgitz bekannt, beherbergte sie eine Flugabwehrraketenbrigade und ein Panzerregiment. Was zwischen den beiden Kasernen lag, aber war für die Bevölkerung tabu. Das größte sowjetische Sperrgebiet auf dem Gebiet der DDR lag gänzlich unzugänglich im Wald verborgen, von außen nicht einsehbar. Die Kommandantur lag am Westrand des Übungsplatzes in Planken, wurde über die Jahre immer weiter ausgebaut, mit einer Artilleriebrigade belegt und von der übenden Truppe als Truppenlager genutzt. Zusätzlich wurde in der Nähe von Born eine Kaserne für eine Raketenbrigade angelegt. Auch bei Hottendorf befand sich ein Truppenlager. Eine wei-

Zur Überwachung der Colbitzer Schießbahn: Kontrollgebäude

tere Kaserne in Randlage, aber im Sperrgebiet gelegen und von der Öffentlichkeit kaum wahrgenommen, war Colbitz auf der Ostseite. Hier lag ebenfalls eine Flugabwehrraketenbrigade, außerdem gab es in dieser Kaserne ein Ausbildungszentrum für hochrangiges Stabspersonal und ein großes unterirdisches Versorgungslager. Was in diesem gewaltigen Tiefbunker gelagert wurde, ist unbekannt – die Vermutungen reichen von Kleinmunition bis hin zu haltbaren Lebensmitteln.

Für Ortsfremde: Wegweiser auf Russisch

So gigantisch das gesamte Militärgelände war, so verwirrend sind im Detail die Bezeichnungen. Was heute überwiegend als Kaserne Colbitz bezeichnet wird – nach einem gleichnamigen Dorf in der Nähe –, nannten die Russen zuletzt Neu-Planken oder einfach nur Planken. Für den eigentlichen Stationierungsort Planken in der Nähe von Colbitz indes kursierten auch noch die Namen Alt-Planken, Planken-2 und ebenfalls Neu-Planken. Die ursprüngliche Plankener Kaserne wiederum wurde auch Militärstädtchen Nummer 2 bis 4 genannt, während die Kaserne bei Colbitz das Militärstädtchen Nummer 1 war.

So undurchsichtig die Namensgebung war, so chaotisch war auch die faktische Lage, als die Bundeswehr nach dem Abzug der russischen Streitkräfte das Militärgelände übernahm. Denn Aufräumarbeiten hatten – wie auch in anderen ehemaligen Standorten der sowjetischen Besatzer – vor der Übergabe nicht stattgefunden. So sammelten die neuen Nutzer

Folgende Doppelseite: In Colbitz findet sich ein besonderer Schrottplatz

unter anderem einen Großteil der beweglichen Scheinziele – ausrangierte sowjetische Kampfpanzer und Nachbildungen von Militärfahrzeugen der NATO – auf dem Truppenübungsplatz ein und verschrotteten sie. Danach wurden einige der baufälligsten Gebäude abgerissen. Vieles blieb zunächst im originalen Zustand erhalten. Das Interesse ziviler Besucher richtete sich zunächst vor allem auf die fotogen erscheinende Kaserne Hillersleben, die mittlerweile fast vollständig abgerissen ist und in einen Solarpark umgewandelt wurde, sowie auf die Kaserne Staats, die inzwischen ganz verschwunden ist. Da das gesamte Gelände nach wie vor militärisches Sperrgebiet ist, ist eine kleine Ausstellung, die 2012 im Bereich der Kaserne des Gefechtsübungszentrums Altmark in der Nähe von Letzlingen eröffnet wurde, die einzige offizielle Möglichkeit, sich vor Ort über die Geschichte des Truppenübungsplatzes zu informieren.

Vor dem Abriss: Kaserne Hillersleben 2013

Die militärische Nutzung des Geländes, die 1934 mit der Etablierung der Heeresversuchsanstalt Hillersleben begann, wird jetzt durch die Bundeswehr fortgeführt. Auf dem Gefechtsübungszentrum Altmark, wie die Einrichtung heute heißt, wird noch immer geschossen – allerdings nicht mehr mit scharfer Munition. Einen der Schwerpunkte bilden Übungen zur asymmetrischen Kriegsführung. Eine Besonderheit ist die künstliche Übungsstadt Schnöggersburg, eine kleine Geisterstadt inmitten der riesigen Geisterstätte mit 500 Gebäuden und sogar einem kleinen Flugplatz, die als Europas größtes »Übungszentrum für Aufruhrbekämpfung« gilt.

So bleibt das Naturparadies der einheimischen Bevölkerung und den Touristen weitgehend verschlossen. Politische Versuche, für die südliche Hälfte der Colbitz-Letzlinger Heide eine zivile Nutzung durchzusetzen, blieben bislang erfolglos. Das erfreut vermutlich die Biber und die Wiedehopfe mehr als die Naturliebhaber in der Bevölkerung. *SB*

Der Methusalem der militärischen Luftfahrt

Flugplatz Großenhain bei Dresden

Wenn alte Gemäuer erzählen könnten, dann würden diese über mehr als ein Jahrhundert deutscher Luftfahrtgeschichte berichten. Über die Fliegerschule, die hier Kampfpiloten für den Ersten Weltkrieg ausbildete, darunter so berühmte Jagdflieger wie den »Roten Baron« Manfred Freiherr von Richthofen. Über den – zunächst heimlichen – Wiederaufbau zum Fliegerhorst in der Zeit des Nationalsozialismus. Und darüber, dass die Sowjets den Flugplatz zu einem zentralen Versorgungspunkt für ihre Truppen in der DDR ausbauten und hier Kernwaffen lagerten, mit denen sie ganz Westeuropa hätten auslöschen können.

Die erhaltenen Backsteinbauten des nördlich von Dresden gelegenen Flugplatzes Großenhain erinnern noch an dessen frühe Zeit. Die 1913/14 errichtete Militärfliegerstation war zunächst der Standort eines Fliegerbataillons und wurde nach Beginn des Ersten Weltkriegs zu einer

Sonderwaffenlager für Bomben: Bunker vom Typ Granit in Großenhain

Fliegerschule umgewandelt. Nach der durch Kriegsniederlage und Versailler Vertrag erzwungenen Auflösung der Luftwaffe wurde der Flugplatz 1920 stillgelegt und ein Teil der Gebäude demontiert.

Nach einer Phase der zivilen Nutzung ab Mitte der 1920er-Jahre wurde Großenhain in der Zeit der NS-Diktatur als Militärflugplatz reaktiviert. Hier spiegelte sich die allgemeine Entwicklung in Deutschland wider: Nach der Machtergreifung der Nationalsozialisten 1933 rüstete Deutschland für einen neuen Weltkrieg auf – anfangs mit Rücksicht auf den Versailler Vertrag noch verdeckt, bald aber ohne jede Beachtung internationalen Rechts. Auf dem Flugfeld in Großenhain wurde 1935 die Ausbildung von Aufklärern und Schlachtfliegern aufgenommen. Weitere Kasernenbauten und imposante Flugzeughallen entstanden. Später waren an diesem Ort auch mehrere Geschwader stationiert, die Einsätze gegen Russland flogen. Doch bekanntlich währte die Illusion, Deutschland könne im Handstreich Europa unterjochen, nicht lange – der Verursacher zweier Weltkriege bezahlte seine Hybris mit einem hohen Preis.

1945 fiel das Areal in die Hände der Roten Armee, die das weitläufige Gelände nun ihrerseits für ihre Zwecke ausbaute. So wurde etwa die Piste verlängert. Zu einem weiteren Ausbau kam es zwischen 1967 und 1969: Nachdem die israelische Luftwaffe im Sechstagekrieg die unter

Buddeln für den Frieden: Rückbau der Bunkeranlagen auf dem Flugplatz

Schutz vor dem Feind: Unterstände und Bunker finden sich zuhauf in Großenhain

freien Himmel abgestellten Flugzeuge unter anderem der ägyptischen Armee zerstörten, führte dies bündnisübergreifend zum Bau von verbunkerten Deckungen für die Flugzeugflotten. In Großenhain wurden 40 dieser splittergeschützten Flugzeuggaragen errichtet. Da Militärs seit jeher auf Typisierung setzen, ist es nicht verwunderlich, dass diese Bauten aus vorgefertigten Segmenten entstanden. So wurden Fertigteile aus Beton eigens aus Kaliningrad ins beschauliche Großenhain transportiert.

Die Zuspitzung des Konflikts zwischen den beiden Supermächten führte auch zum Bau weiterer geheimer Anlagen an zahlreichen Standorten quer durch Europa. Besonders wichtig auf dem Gebiet der DDR waren die sogenannten Sonderwaffenlager vom Typ Granit, in dem auch nukleare Freifallbomben in einer erhöhten Gefechtsbereitschaft hätten eingelagert werden können. Wäre es zu einem neuen Weltkrieg gekommen, dann wäre er auch mit ebendiesen Waffen ausgetragen worden. Die Zerstörungskraft einer einzigen dieser Bomben lag um ein Vielfaches höher als die der ersten amerikanischen Atombomben, die 1945 über den japanischen Städten Hiroshima und Nagasaki abgeworfen wurden.

In Großenhain erkennt das wachsame Auge Relikte aus den verschiedenen Epochen. Der Stacheldraht hoch oben auf dem Zaun ist sowjetischen Ursprungs, die Gebäude dahinter unverkennbar auch. Dicke Stahltore schützen den Weg in deren Inneres, doch schnell ist ein anderer,

Folgende Doppelseite: Die Unterstände für Flugzeuge sind splittergeschützt

Schrott der Geschichte: Geplünderter Militärwagen

ursprünglich für Wartungszwecke vorgesehener Weg gefunden. Steht man nun endlich im Bauwerk selbst, entfaltet sich vor einem sofort der Geist der Zeit. Der Schein der Taschenlampe fällt auf ein komplexes Gerippe aus Stahl und Beton, einem riesigen Walschlund gleich. Es handelt sich um eine von 40 Deckungen, in denen einst hochgerüstete Flugzeuge parkten. Jagdbomber etwa des Typs Su-17 und Su-24, die jederzeit für einen Einsatz bereitstanden. Noch 1989 erfolgte eine Umrüstung auf modernere MiG-27. Aufgrund ihrer exponierten Lage an der Nahtstelle zwischen Ost und West wurden die sowjetischen Truppen in der DDR bevorzugt mit modernstem Kriegsgerät ausgestattet.

Kurz darauf war die DDR am Ende, und schon bald begann der Abzug der einst sowjetischen, nun russischen Truppen. Glücklicherweise kamen die in Großenhain und an weiteren Standorten stationierten Kernwaffen nie zum Einsatz. Das »Gleichgewicht des Schreckens«, das aus der atomaren Aufrüstung beider Machtblöcke resultierte, hatte sich bewährt, aller Fragilität zum Trotz.

Rechtes Bild: Die Besatzer machten den Deutschen ein Abschiedsgeschenk

ОТЕЧЕСТВЕННАЯ ВОЙНА
1945-1993

Wegen mangelnder Wiederverwendbarkeit zurückgelassen: Sockelflieger

Bisweilen suchten nicht nur DDR-Bürger, sondern auch Angehörige der Roten Armee ihr Heil in der Flucht in den Westen. Im Mai 1973 setzte sich ein sowjetischer Flugzeugtechniker mit einer Su-7 von Großenhain aus in die Bundesrepublik ab. In der Nähe von Braunschweig ließ er seine Maschine abstürzen und rettete sich zuvor mit dem Fallschirm. Doch auch andersherum wurden die Seiten gewechselt. Im rund 70 Kilometer entfernten Bautzen befand sich für einige Zeit ein Auffanglager für Flüchtlinge aus dem Westen. Sie suchten in der DDR freilich nicht Freiheit und Demokratie, sondern zumeist Schutz vor der Ahndung begangener Straftaten.

Mit dem Abzug der russischen Streitkräfte im Frühjahr 1993 setzte auf dem einstigen Militärflugplatz ein umfangreicher Konversionsprozess ein. Ehemals militärisch genutzte Gebäude wurden abgerissen oder in eine zivile Nutzung überführt. Die imposanten Flugzeughallen bieten heute Gewerbeunternehmen Raum. Vor dem einstigen Sonderwaffenlager erinnern ein sowjetisches Denkmal und ein sogenannter Sockelflieger an die letzte Phase der militärischen Nutzung. Ein Museum dokumentiert die Geschichte des Areals. Von dem aus kann man inzwischen auch wieder in die Luft gehen – nicht mit MiGs, sondern mit Segel- und anderen Sportflugzeugen. *MK*

Die Wacht im Westen

Garnison Köthen

Knapp 100 Meter im Quadrat misst das große gepflasterte Areal kurz hinter den beiden Eingangsgebäuden des riesigen Kasernenbereichs der einstigen militärischen Liegenschaft im Süden Köthens. Auch wenn die Dimensionen des Aufmarschfelds der Nationalsozialisten in Nürnberg oder des Roten Platzes in Moskau nicht erreicht wurden – alle diese Plätze hatten die Funktion, durch militärische Aufmärsche die Macht der Herrschenden zu demonstrieren. Diktaturen sind durch die Angst geprägt, die Bevölkerung könnte sich von den propagierten Zielen abwenden. So wird die Demonstration militärischer Macht zu einem wesentlichen Faktor des Erhalts der politischen Macht. Wie in Nürnberg und in Moskau im Großen, so setzte auch in Köthen im Kleinen das Regime ein Zeichen der Stärke. Wobei die kommunistischen Staaten der Ideologie folgten, ihre militärische Stärke stehe im Dienst der Friedenssicherung.

Von verwunschenen Wegen durchzogen: Köthener Garnison

Wie außerirdisch: Löschwasseranschluss

Marschieren für den Frieden!

Dass die Nationalsozialisten und die sowjetischen Besatzungstruppen in Köthen ihre Macht demonstrierten, ist glücklicherweise Geschichte. Wie anderenorts erinnern aber die verlassenen Gebäude der ehemaligen Garnison und der große Aufmarschplatz an ebendiese Zeiten. Die Planungen für den Flugplatz Köthen liefen 1928 an, aufgrund des Versailler Vertrags zunächst unter dem Deckmantel einer rein zivilen Nutzung. Doch nach der Machtergreifung der Nationalsozialisten 1933 verriet die Entwicklung der Bauarbeiten schnell den militärischen Charakter des als »Luftnachrichten-, Lehr- und Versuchsregiment« getarnten Areals.

Mitte der 1930er-Jahre fertiggestellt, fiel der Flugplatz im April 1945 in die Hände der US-Armee, die von Westen kommend in Richtung Berlin vorstieß und nach und nach nicht nur die Schreckensorte der nationalsozialistischen Terrorherrschaft wie Zwangsarbeiter- oder Kriegsgefangenenlager befreite, sondern auch die militärischen Einrichtungen besetzte, um sie selbst strategisch zu nutzen. Köthen wurde für die amerikanischen Sieger zu einem wichtigen Drehkreuz für Nachschubflüge wie auch – in der anderen Richtung – für Evakuierungsflüge. Die US-amerikanischen Truppen verblieben hier bis zum Juli 1945 und wurden dann von Einheiten der sowjetischen Armee abgelöst. Nach der bereits vor Kriegsende zwischen den Alliierten beschlossenen Aufteilung Deutschlands fielen die östlichen Länder in den Interessensbereich der Sowjetunion, die westlichen Länder wurden unter den Westalliierten aufgeteilt (während die sogenannten Ostgebiete wie Schlesien, Westpreußen und Teile Pommerns vom Staatsgebiet abgetrennt wurden und Berlin einen Sonderstatus erhielt).

Vorige Doppelseite: Der Aufmarschplatz der Garnison wirkt monströs

In Köthen wurden zwei der Flugzeughallen demontiert und als Reparationsleistung in die Sowjetunion transportiert – ob sie dort wieder-aufgebaut wurden, ist nicht bekannt. In den folgenden Jahrzehnten aber entwickelte sich die Liegenschaft zum größten militärischen Komplex der Sowjets im heutigen Bundesland Sachsen-Anhalt. Etliche Einheiten waren hier stationiert, vor allem das 73. Garde-Jagdfliegerregiment mit den jeweils modernsten Jagdflugzeugen der Streitkräfte sowie Hubschrauberstaffeln. Bis 1991 sicherten die Piloten die westlichen Außengrenzen des sowjetischen Einflussgebietes von der Ostsee bis nach Ungarn. Fliegen für den Frieden!

Während der gesamten Zeit des Kalten Kriegs war die Lage angespannt, beide Machtblöcke fürchteten einen militärischen Schlag des Gegners. Als im April 1952 eine US-amerikanische Douglas DC-4 auf dem Flug von Frankfurt am Main nach Berlin-Tempelhof einen der beiden offiziellen Luftkorridore zwischen der Bundesrepublik und West-Berlin verließ, eröffneten zwei sowjetische Maschinen in der Nähe von Köthen sofort deren Beschuss mit Maschinengewehren. Maschinengewehrsalven auf eine zivile Maschine! Nur mit Not schaffte es die amerikanische Maschine, die 89 Einschüsse aufgewiesen haben soll, bis nach Tempelhof. Schießen für den Frieden!

Propaganda allüberall: Leninporträt mit politischer Losung

Alle großen Militärliegenschaften der Sowjets standen stets im Fokus der gegnerischen Aufklärung. Entsprechende Unterlagen für den Flugplatz Köthen finden sich heute im Bundesarchiv. Neben den Geheimdiensten berichteten auch immer wieder zivile Personen von den Vorkommnissen in einer Region. Insgesamt verfügten der Bundesnachrichtendienst und weitere Organisationen über ein Netz von mehr als 10 000 Zuträgern auf dem Gebiet der DDR. Köthen war für die westlichen Dienste deshalb besonders interessant, da es seit den 1960er-Jahren am Rande der Flugbetriebsflächen ein Sonderwaffenlager zur temporären Einlagerung von Atomwaffen gab. Die kleinen Puzzleteile der Aufklärungsarbeit ergaben Schritt für Schritt Einblicke in das militärische Potenzial der Nationalen Volksarmee und der sowjetischen Einheiten auf dem Gebiet der DDR.

Aus den 1960ern: Flugzeugunterstand

Wer mit offenen Augen durch das Areal wandert, findet heute noch Spuren seiner bewegten Geschichte. Einige Gebäude wurden nach der Wiedervereinigung Deutschlands saniert und einer neuen Nutzung zugeführt. Neue Mieter, darunter die Landkreisverwaltung Anhalt-Bitterfeld oder das Finanzamt Köthen, zogen ein. Andere Bauten werden als Wohnhäuser genutzt. An vielen Stellen bietet das Areal noch immer imposante Perspektiven. So findet man Kasernenblöcke und Flugzeughallen. Von einer der beiden Hallen im östlichen Bereich des Flugplatzvorfelds schaut ein steinerner Lenin mahnend in die Landschaft. Die verlassenen Flugzeugdeckungen und ein Bunker vom Typ Granit zeugen am Rande des Areals am deutlichsten von der einstigen militärischen Nutzung des Geländes.

Das ehemalige Flugfeld bietet inzwischen Platz für mehr als 200 000 Solarmodule. Es handelt sich um einen der größten Solarparks in Deutschland. Dem Frieden dürfte er weitaus mehr dienen als die Flugzeuge und Truppen, die hier einst stationiert waren. *MK*

Die Heimstatt des einsamen Rotarmisten

Militärstandort Jüterbog – Altes Lager

Sein Blick ist stechend und starr geradeaus gerichtet. Regungslos nimmt er sein unbekanntes Gegenüber ins Visier. Das Gewehr hält er fest umklammert. Auf seinem Helm prangt der rote Stern, auf der Fahne hinter seinem Rücken Hammer und Sichel. Im Hintergrund sorgen Panzer, Flugzeuge, Raketen und Kampfschiffe für Rückendeckung. Alle Waffengattungen wurden aufgefahren. Die Botschaft ist eindeutig: Hier kommt niemand vorbei, die sowjetischen Streitkräfte haben alles im Griff. Doch seit 1994 steht der Rotarmist auf einsamem Posten. Sein Einsatzort ist zugig und schmutzig. Wind pfeift durch zerschlagene Fenster, der Staub des herabgefallenen Putzes bedeckt den Boden. Seit 1994 ist er allein. Denn vier Jahre nach der deutschen Wiedervereinigung verließ die Westgruppe der Truppen, wie sich die einstige Gruppe der Sowjetischen Streitkräfte in Deutschland seit 1989 nannte, auch ihren Standort in Jüterbog.

Im Baustil der NS-Zeit: Zentrales Gebäude des Militärstandorts Jüterbog

Der einsame Rotarmist von Jüterbog hat fast schon ikonografischen Charakter. Theatralisch ist er in Szene gesetzt, der unbekannte Künstler sparte nicht mit Pathos. Und so symbolisiert der namenlose Soldat eine ganze Epoche. Dass spätere Besucher mit schwarzer Sprühfarbe das Motiv mehr dilettantisch als originell ergänzten, fällt erst auf den zweiten Blick auf. Das Werk ist bemerkenswert gut erhalten. Während in den meisten anderen ehemaligen Liegenschaften der WGT die großformatigen Wandgemälde langsam zerfallen, macht der Jüterboger Rotarmist nach wie vor eine gute Figur. Das erste Vierteljahrhundert nach Abzug der Westgruppe hat er gut gemeistert.

Fast 50 Jahre lang galt Jüterbog – Altes Lager als eines der größten militärisch genutzten Areale in der DDR. Zahlreiche Kasernengebäude, ein Truppenübungs- und ein Militärflugplatz gehörten dazu. Die Sowjets knüpften damit an eine Tradition an, die bis in die Zeit des Ersten Weltkriegs zurückreicht. Schon im Kaiserreich gab es hier zwei Truppenlager mit den Namen Altes Lager und Neues Lager. 1916 entstanden im brandenburgischen Niedergörsdorf nahe Jüterbog zwei Hallen für Luftschiffe nebst allem, was dazugehörte, beispielsweise einer Anlage zur Wasserstofferzeugung. Der Versailler Vertrag bedeutete das Ende des Luftschiffhafens. Die Hallen wurden demontiert, eine von ihnen wurde im japanischen Kasumigaura wiederaufgebaut.

Baufällig: Treppenhaus in Jüterbog

Mit der Machtübernahme der Nationalsozialisten in Deutschland endete die Phase der militärischen Zurückhaltung. Schon ab 1933 wurde auch in Jüterbog aufgerüstet. Zunächst geschah dies noch in aller Stille: Das NS-Regime hielt sich anfangs formell noch an die Restrik-

Vorige Doppelseite: Ein zurückgebliebener Rotarmist hält die Stellung

Agitprop im Unterricht: Schulungsraum für sowjetische Soldaten

tionen, die Deutschland durch den verhassten Versailler Vertrag auferlegt worden waren. Der bei Jüterbog entstehende Fliegerhorst trug daher den Tarnnamen Waldlager. Doch es waren beileibe keine harmlosen Pfadfinder, die sich hier einnisteten. Vielmehr ließ Hitlerdeutschland hier eine gigantische Anlage zur Vorbereitung des Luftkriegs entstehen. Dazu gehörten die Sanitäts-Versuchs- und Lehrabteilung der Luftwaffe sowie die Fliegertechnische Schule der Luftflotte 1. Bereits 1934 galt Jüterbog als größter Truppenübungsplatz Deutschlands.

Die zentralen Gebäude der Fliegertechnischen Schule wirken schon von außen imposant: Eine streng symmetrische Anlage aus trutzigen Bauten schließt einen Exerzierplatz ein. Das halbkreisförmige Hauptgebäude beherrscht das Ensemble, das von der brachialen Architektursprache der Nationalsozialisten geprägt ist. Das schäbige Gelb der verwitterten Fassaden nimmt dem Bau nichts von seiner Brutalität. Wuchtige Leuchten und einschüchternde Säulenhallen ließen schon zur Erbauungszeit jeden Menschen winzig wirken. Nur die verglasten Treppenhäuser nehmen den Bauten etwas von ihrer Bedrohlichkeit – sie wirken fast wie eine unfreiwillige Reverenz an das unter den Nationalsozialisten verpönte Bauhaus.

Im Innern setzt sich die architektonische Strenge fort: lange Gänge,

Verstaubt: Hörsaal der einstigen Fliegertechnischen Schule

wuchtige Treppenhäuser – es wirkt, als würden auch die Gebäude den Stechschritt verinnerlicht haben. Nur ab und zu wird die Gleichtönigkeit durch neuere Wände unterbrochen. Die zu Sowjetzeiten schnell zusammengemörtelten Mauern trennten die Bereiche verschiedener Einheiten voneinander ab. Heute durchbrechen sie die endlosen Fluchten der NS-Architektur – und machen den Koloss zugleich zum Irrgarten. Orientierungslos läuft man treppauf und treppab – bis sich die Tür zu einem schwarzen Loch auftut: Der große Hörsaal liegt völlig im Dunkeln. Im Licht der Taschenlampe sieht man dicke Staubschichten auf den kleinen Ablagen der endlosen Stuhlreihen. Es ist lange her, dass hier Vorträge gehalten wurden. Vorträge, in denen der Feind dämonisiert wurde – zuerst der im Osten, später der im Westen.

Schon während der Schlacht um Berlin besetzten die Sowjets den nationalsozialistischen Fliegerhorst. Die Wehrmacht hatte bereits die Sprengung der Gebäude geplant. Zu der kam es nicht mehr angesichts der hastigen Flucht vor der Roten Armee. So übernahm diese eine funk-

Linke Seite: Selbst das Sportgelände lässt eher an Drill als an Spaß denken

Unverwüstlicher Beton: Die sowjetischen Propagandareliefs trotzen dem Verfall

tionierende Anlage, die sie in den letzten Wochen des Zweiten Weltkriegs als Frontflugplatz nutzen konnte – und später für die Vorbereitung eines möglichen militärischen Konflikts mit den Verbündeten von einst. Bis zum Abzug der WGT war Jüterbog – Altes Lager nun Standort verschiedener sowjetischer Fliegereinheiten: Vor allem das 833. Jagdfliegerregiment der 16. Luftarmee war hier rund 40 Jahre lang stationiert. Kampfflugzeuge vom Typ MiG-21 und MiG-23 sowie zuletzt auch Kampfhubschrauber hoben in Jüterbog ab.

Als die letzten Einheiten 1994 abzogen, hinterließen sie eine Geisterstadt, in der bis heute letzte Spuren an den Alltag der Soldaten erinnern. In der Sporthalle zeugen bunt bemalte Sprossenwände von schweißtreibenden Ertüchtigungsmaßnahmen. Dass die Sprossenwände bunt bemalt waren, machte den Drill vermutlich nicht erträglicher. Die olympischen Ringe an der Fassade hingegen zeigen deutliche Spuren der Ermüdung: Schlapp und mit der Eleganz einer Dalí-Uhr hängt das dünne Blech an der Backsteinmauer. Indessen wird im Alten Lager wieder geflogen, wenn auch ohne jede militärische Ambition: Die Reste der Piste werden seit 1996 vom Drachenfliegerclub Berlin genutzt. *AS*